城市轨道交通环境控制系统运行与维护

主　编：赵　丽　　周佩秋
副主编：梁佳成　　关　越
参　编：李泽健　　南　洋　　张桂源
　　　　陈沐泽　　谭丽娜　　房嘉禧

北京理工大学出版社
BEIJING INSTITUTE OF TECHNOLOGY PRESS

内容简介

城市轨道交通环境控制系统是城市轨道交通系统中关键的一环，它的性能直接影响整个城市轨道交通的运营质量，直接关系到乘客的满意程度。教材结合城市轨道交通机电技术专业人才培养方案和城市轨道交通环控设备现状编写，对城市轨道交通环境控制系统进行了详细的介绍。全书共分5章：环境控制系统概述、环控通风系统、环控冷水系统、给排水系统、低压配电与照明配电系统。

本书可作为高职院校城市轨道交通机电技术等专业的教学用书和实验实训指导书，也可作为从事环控系统工作的工程技术人员的参考用书以及城市轨道交通技术培训用书。

版权专有　侵权必究

图书在版编目（CIP）数据

城市轨道交通环境控制系统运行与维护/赵丽，周佩秋主编. —北京：北京理工大学出版社，2017.9（2023.2重印）
ISBN 978-7-5682-4790-0

Ⅰ.①城…　Ⅱ.①赵…　②周…　Ⅲ.①城市铁路-轨道交通-交通运输业-环境控制-教材　Ⅳ.①U239.5　②X73

中国版本图书馆 CIP 数据核字（2017）第 214148 号

出版发行 /	北京理工大学出版社有限责任公司
社　　址 /	北京市海淀区中关村南大街 5 号
邮　　编 /	100081
电　　话 /	（010）68914775（总编室）
	（010）82562903（教材售后服务热线）
	（010）68944723（其他图书服务热线）
网　　址 /	http：//www.bitpress.com.cn
经　　销 /	全国各地新华书店
印　　刷 /	北京虎彩文化传播有限公司
开　　本 /	787 毫米×1092 毫米　1/16
印　　张 /	11
字　　数 /	260 千字
版　　次 /	2017 年 9 月第 1 版　2023 年 2 月第 7 次印刷
定　　价 /	34.00 元

责任编辑 / 封　雪
文案编辑 / 党选丽
责任校对 / 周瑞红
责任印制 / 李志强

图书出现印装质量问题，请拨打售后服务热线，本社负责调换

前　言

城市轨道交通是现代城市公共交通的主要形式之一，它是一种运量大、速度快、安全可靠、节约资源、保护环境的城市公交系统，它也是衡量城市综合实力的一个重要指标。

城市轨道交通环境控制系统是城市轨道交通系统中关键的一环，它的性能直接影响整个城市轨道交通的运营质量，直接关系到乘客的满意程度。教材结合城市轨道交通机电技术专业人才培养方案和城市轨道交通环控设备现状编写，对城市轨道交通环境控制系统进行了详细的介绍。全书共分 5 章：环境控制系统概述、环控通风系统、环控冷水系统、给排水系统、低压配电与照明配电系统。

本书尽可能覆盖了我国城市轨道交通环境控制系统的各种设备，教材编写中理论与实际动手相结合，突出职业教育的实践性，相关章节后配有 8 个典型的任务，包括环控通风系统设备维修、环控通风系统故障分析与处理、环控冷水机组的预防性维护、车站及车辆段给排水系统的运行管理、给排水系统主要设备维修、给排水系统故障分析与处理、低压配电与照明配电系统日常维护和室内照明工程的安装与调试。

教材注重实用性，内容编排重点突出，每章配有学习目标、学习要求、项目小结、练习与思考，实训任务按照任务分析、任务目标与实施步骤的流程编写，使学生能学以致用，通过具体知识认知和实践操作训练，使学生加深对专业知识的理解，增强对城市轨道交通环境控制系统的认知，能够使学生在任务的驱动下，有目标、有步骤地进行实训操作，并结合安全要求、技能鉴定的相关规定进行设备的规范运用，以此来巩固和拓展学生环控设备使用、维护、维修的职业技能。本书可作为高职院校城市轨道交通机电技术等专业的教学用书和实验实训指导书，也可作为从事环控系统工作的工程技术人员的参考用书以及城市轨道交通技术培训用书。

本书由长春职业技术学院的赵丽、周佩秋担任主编，梁佳成、关越担任副主编，参加编写的还有长春职业技术学院的李泽健、南洋、张桂源、谭丽娜，包头铁道职业技术学院的陈沐泽，长春市轨道交通集团有限公司的房嘉禧。具体编写分工为：赵丽对本书的编写思路与大纲进行总体策划，指导全书的编写，对全书进行统稿，并编写了第 1 章和第 2 章；周佩秋编写了第 3 章；梁佳成编写了第 4 章的理论部分，关越编写了第 4 章和第 5 章的任务部分，李泽健编写了第 5 章的理论部分，南洋和张桂源编写了书中的拓展知识及练习与思考部分，陈沐泽和谭丽娜参与了全书的校对，房嘉禧参与了编写大纲的制定及工作任务的选取。

本书在编写过程中，得到许多城市轨道交通行业专家的大力支持和热情帮助，在此表示衷心的感谢！在编写过程中，编者们参考了许多专家和学者的书籍和文献等资料，书末列出了参考文献目录，在此我们对其作者表示衷心的感谢！

  由于编者经验和水平有限，加上时间仓促，书中存在疏漏和不足之处在所难免，敬请读者批评指正，我们将十分感谢。

编 者

2017 年 6 月

目 录

第1章 环境控制系统概述 … 1
1.1 环控系统的特点及基本功能 … 3
1.2 环控系统的分类 … 4
1.3 环控系统的组成 … 7
项目小结 … 8
练习与思考 … 8

第2章 环控通风系统 … 10
2.1 地铁通风系统概述 … 10
2.1.1 地铁火灾事故通风的目的及重要性 … 10
2.1.2 国内外地铁通风与排烟系统研究现状 … 11
2.1.3 "回流现象"的机理和"临界风速"问题 … 12
2.1.4 地铁通风结构 … 13
2.2 空气质量调节 … 15
2.2.1 温度、湿度与舒适度 … 15
2.2.2 通风空调系统设置 … 16
2.2.3 空调系统运行 … 18
2.3 隧道通风系统 … 22
2.3.1 车站隧道通风系统 … 24
2.3.2 区间隧道通风系统 … 25
2.4 车站空调系统 … 27
2.4.1 车站空调大系统 … 27
2.4.2 车站空调小系统 … 29
2.5 环控风系统设备 … 30
2.5.1 风亭、风道和风井 … 30
2.5.2 空气处理设备 … 34
2.5.3 风机类设备 … 39
2.5.4 风阀类设备 … 42
2.5.5 消声装置 … 48
任务一 环控通风系统设备维修 … 51
任务二 环控通风系统故障分析与处理 … 58
项目小结 … 63
练习与思考 … 64

目 录

第 3 章 环控冷水系统 ………………………………………………………… 66
   3.1 环控冷水系统的组成及工作原理 ……………………………………… 66
   3.2 环控冷水系统的主要设备及功能 ……………………………………… 70
       3.2.1 冷水机组 …………………………………………………………… 70
       3.2.2 冷却塔 ……………………………………………………………… 74
       3.2.3 水泵 ………………………………………………………………… 77
       3.2.4 分集水器 …………………………………………………………… 81
       3.2.5 变频多联空调机 …………………………………………………… 82
   任务三 环控冷水机组的预防性维护 ……………………………………… 84
   项目小结 ……………………………………………………………………… 94
   练习与思考 …………………………………………………………………… 95

第 4 章 给排水系统 …………………………………………………………… 97
   4.1 给排水系统概述 ………………………………………………………… 98
   4.2 车站给排水系统 ………………………………………………………… 98
       4.2.1 车站给水系统 ……………………………………………………… 98
       4.2.2 车站排水系统 ……………………………………………………… 102
   4.3 车辆段给排水系统 ……………………………………………………… 110
       4.3.1 车辆段给水系统组成及功能 ……………………………………… 110
       4.3.2 车辆段排水系统组成及功能 ……………………………………… 111
   4.4 人防给排水系统 ………………………………………………………… 112
       4.4.1 人防给水系统 ……………………………………………………… 113
       4.4.2 人防排水系统 ……………………………………………………… 113
   任务四 车站及车辆段给排水系统的运行管理 …………………………… 114
   任务五 给排水系统主要设备维修 ………………………………………… 120
   任务六 给排水系统故障分析与处理 ……………………………………… 125
   项目小结 ……………………………………………………………………… 128
   练习与思考 …………………………………………………………………… 129

第 5 章 低压配电与照明配电系统 …………………………………………… 131
   5.1 低压配电与照明配电系统概述 ………………………………………… 132
       5.1.1 城市轨道交通供电系统概述 ……………………………………… 132
       5.1.2 低压配电与照明配电系统的作用 ………………………………… 133
   5.2 低压配电系统 …………………………………………………………… 133
       5.2.1 低压配电系统的组成和分布 ……………………………………… 133

目 录

  5.2.2 低压配电负荷的分类 …………………………………………… 134
  5.2.3 低压配电设备的供电方式 ………………………………………… 134
  5.2.4 低压配电设备的控制 ……………………………………………… 135
 5.3 低压配电系统设备简介 ………………………………………………… 136
  5.3.1 低压开关柜 ………………………………………………………… 136
  5.3.2 电缆线路介绍 ……………………………………………………… 137
  5.3.3 低压配电其他设备 ………………………………………………… 138
 5.4 城市轨道交通照明配电系统 …………………………………………… 139
  5.4.1 光的基础知识 ……………………………………………………… 139
  5.4.2 城市轨道交通照明配电系统的功能及设计原则 ……………… 143
  5.4.3 照明配电系统的方式及分类 ……………………………………… 145
  5.4.4 照明配电系统的配电方式 ………………………………………… 147
  5.4.5 照明配电系统的控制 ……………………………………………… 150
  5.4.6 车站照明常用灯具的选择 ………………………………………… 151
 任务七 低压配电与照明配电系统日常维护 ………………………………… 151
 任务八 室内照明工程的安装与调试 …………………………………………… 154
 项目小结 …………………………………………………………………………… 160
 练习与思考 ………………………………………………………………………… 161
附录 给排水设备的维修管理与工作内容 ……………………………………… 163
参考文献 ………………………………………………………………………………… 167

第 1 章 环境控制系统概述

学习目标

了解轨道交通的发展及优势。
了解环境控制系统的概念。
了解环境控制系统的组成。
掌握环控系统的基本功能。
了解环控系统的分类及各类型的优缺点。

学习要求

能力目标	知识要点	权重
了解轨道交通的发展及优势	轨道交通发展的过程、规模、优势	10%
了解环境控制系统的概念及组成	环境控制系统的概念、组成、位置特点	20%
掌握环控系统的特点及基本功能	环控系统的特点、基本功能	20%
掌握环控系统的分类	开式系统、闭式系统和屏蔽门系统的优缺点	50%

随着世界范围内城市化进程的飞速发展，城市人口随之迅速上升，汽车的人均拥有量大幅提高，导致城市的交通条件日益恶化。同时，停车用地占用了大量的城市可使用面积。拥挤的交通，污染的甚至超标的空气和噪声问题，对城市居民的身心健康构成严重威胁，影响和制约着城市的进一步发展。如今人们开始高度重视环境污染、全球变暖、温室气体排放和能源消耗、土地利用等以往未曾受到普遍关注的问题。在这种形势下，更加需要大力发展城市轨道交通，因为轨道交通是绿色交通，有助于全面缓解上述各种问题。因此，从城市化、能源、效率、安全与环境等方面考虑，发展城市大规模、快速、安全、经济的轨道交通系统，成为解决城市客运交通问题的有效途径。

目前我国正处于大规模城市化的发展时期，城市居民物质文化生活质量显著提高，但却出现了市区交通拥堵、空气质量下降等一系列问题。全国各大城市的交通状况非常紧张，发达国家所经历的机动车剧增、道路交通严重阻塞和汽车尾气污染的僵局在中国大城市重演，交通不畅严重影响着人们的生活，制约着经济和社会的发展。改善城市公共交通已经成为各城市相当急迫的要求和共识，改造和扩建公共交通设施已是发展的重中之重。

由于地铁作为一种技术成熟的公共交通工具——城市快速轨道交通，具有线路封闭、运行准时、便捷可靠、安全正点、节能环保、运量大、污染小等特点，而且不受天气、道路、交通等因素的限制，不影响周围居民的生产生活，避开了地面道路扩建困难的矛盾，有效地缓解了交通难的问题，成为大城市理想的公交手段。因此，地铁建设在世界各大城市得到广泛应用，已经成为城市大运量公共交通系统的首选。轨道交通和自行车一样，污染排放量为零，是对城市污染最少的快速交通方式。发展轨道交通，显然有助于减少碳的排放。集"环保、节能、省地"三大优点于一身的城市轨道交通比以往任何时候都更受广大市民的欢迎和有识之士的青睐。

自1863年世界上第一条地铁在伦敦建成通车以来，地铁已迅速发展成百万人口以上大城市公交体系中的重要组成部分。譬如东京，早在20世纪60年代，轨道交通就已成为市民通勤的主要交通方式，在各种交通方式中占比超过57%，居于主体地位。借鉴国外城市轨道交通发展经验，按人均6~10 cm匡算，预测未来30年我国100多个市区、人口超百万城市需建4万km轨道交通。为实现这一目标，"十三五"规划期应当加大城市轨道交通建设力度，争取建设5 000 km。

我国已将未来城市交通轨道化发展列为今后30~50年内的重点。这些年我国大城市纷纷建设城市轨道交通，积极筹备地铁建设，从这一点上看地铁的大量建设和广泛应用已经成为必然。目前在北京、天津、上海、重庆、广州、深圳、南京、武汉、香港和台湾等城市已有多条地铁线路建成运营。随着2005年南京十运会、2008年北京奥运会和2010年上海世博会的召开，这些城市又有多条地铁建设完成并投入运营；此外，沈阳、大连、哈尔滨、长春、杭州、成都、西安、武汉、青岛、苏州等城市，也在积极筹备和建设地铁或轻轨等轨道交通项目。

狭义的环控系统为城市轨道交通内部空气环境控制系统，是指对车站站厅、站台、隧道、设备及管理用房等处所进行空气处理的系统，系统能够创造适宜的空气环境，包括空气的温度、湿度、流动速度和质量等。这里的环控系统为广义的环控系统，包括环控风系统、环控水系统、给排水系统和低压配电与照明配电系统。环控系统的组成如图1-1所示。

图1-1 环控系统的组成

地铁主体建筑（车站和行车隧道）一般位于地下数米至数十米深处，其上覆盖土层，与外界的空气交换只能通过数量较少的车站出入口、风井和风亭。地铁的地下线路是一个狭长的地下建筑，除各站的出口、入口、送风口与外界大气连通外，基本上是与外界隔绝的。由于大量的乘客集散和列车运行，产生大量的热量，同时需要大量的新鲜空气，因此便形成了一个独特的环境系统。

1.1　环控系统的特点及基本功能

1. 环控系统的特点

环控系统有以下几个特点：

(1) 由于车站与外界隔绝，因此需要提供一个人工环境来满足乘客的要求，站内的客流密度较高，将释放出大量的二氧化碳，所以需要充足的新鲜空气。

(2) 由于列车及各种设备释放出大量的热量，所以需要及时地将热量排出，地层有蓄热作用，地铁列车启动后，地铁系统内部温度会逐渐升高，若处理不当，将会对地铁环境造成影响。

(3) 地铁列车运行时会产生"活塞效应"。在地下隧道中，列车的运行就像一个活塞运动，列车作为"活塞"挤压前方隧道的空气，同时列车尾部引入大量新鲜空气，这种现象称为"活塞效应"。此部分的"活塞风"将会对站台产生影响，因此需要合理控制利用。

(4) 地铁是一个狭长且相对封闭的地下建筑，列车及各种设备运行产生的噪声需要消除。

(5) 当发生事故，尤其是发生火灾事故时，将会导致环境恶化，需采取紧急有效的措施，指引乘客迅速、安全、有效地撤离。

(6) 地铁建在地下，处在黑暗的环境下，无论是机房、设备用房、车站公共区域、地面指示或区间隧道等均需要照明，轻轨站到了晚上，很多地方也需要照明，所以轨道交通需要自己的一套照明系统。

(7) 由于城市轨道交通客流量较大，需要一套完善的给排水系统，保证工作人员和乘客的用水需求。

2. 环控系统的基本功能

为了给乘客和工作人员提供一个舒适的环境，保证各种设备能持续、正常地运行，在发生火灾等事故时能及时排除有害气体，必须在车站站厅、站台、隧道、设备及管理用房四个要求不同的环境中，通过强制通风进行散热、除湿、照明和空气调节。环控系统设计时就要满足以下基本功能：

(1) 列车正常运行时，调节车站站厅、站台、隧道、设备及管理用房等空气环境，包括空气中的温度、湿度和空气质量，对新、回风中的粉尘和有害物质及人员呼出的二氧化碳进行过滤和处理。

(2) 若列车阻塞在区间隧道内，当列车采用空调时应向阻塞区间提供一定的送、排风量，以保证列车空调的继续运作，从而维持列车内乘客能接受的热环境条件。

(3) 列车在区间隧道或车站内发生火灾时，应提供有效的排烟，并向乘客和消防人员提供必要的新风量，形成一定的迎面风速，疏导乘客安全撤离。

(4) 对车站内各种设备及管理用房分别按工艺和功能要求提供空调或通风换气和照明，公共区的排风系统兼排烟功能。

(5) 保证工作人员和乘客的用水需求。

1.2 环控系统的分类

环控系统通过调节控制车站和区间隧道的温度、湿度和风速等参数，为乘客提供一个舒适安全的乘车环境，同时为火灾等紧急事件提供必要的应急措施。地铁环控系统按照通风形式可分为开式系统、闭式系统和屏蔽门系统。

1. 开式系统

开式系统允许隧道内的空气与周围空气自由交换，开式系统在地铁沿线设置了多座通风竖井，利用列车运行所产生的"活塞风"或机械风机，使地铁与外界进行空气的交换。根据风井的数量分为二风井活塞开式系统和三风井活塞开式系统，如图1-2所示。

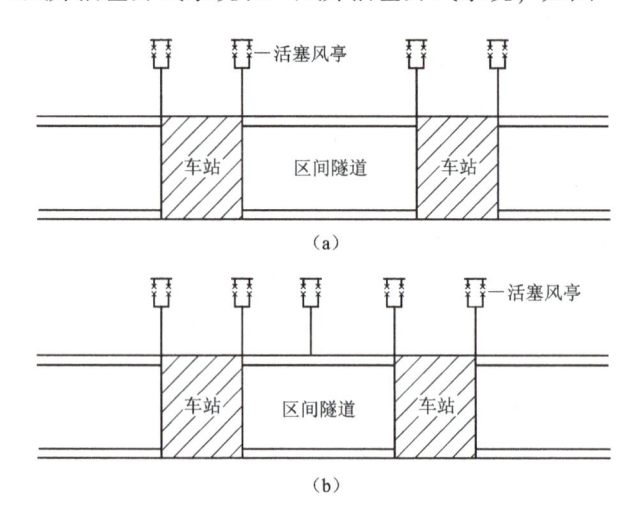

图1-2 开式系统
(a) 二风井活塞开式系统；(b) 三风井活塞开式系统

1) 活塞通风

当列车的正面与隧道断面面积之比（称为阻塞比）大于0.4时，由于列车在隧道中高速行驶如同活塞作用，使列车正面的空气受压形成正压，而列车后面的空气稀薄形成负压，由此产生空气流动。利用这种原理通风，故称为活塞效应通风。活塞风量的大小与列车在隧道内的阻塞比、列车行驶速度、列车行驶空气阻力系数、空气流经隧道的阻力等因素有关。利用活塞风来冷却隧道，需要与外界有效交换空气，因此对于全部应用活塞风来冷却隧道的系统来说，应计算活塞风井的间距及风井断面尺寸，使有效换气量达到设计要求。实验表明：当风井间距小于300 m、风道的长度在25 m以内、风道面积大于10 m² 时，有效换气量较大，在隧道顶上设风口效果更好。由于设置许多活塞风井对大多数城市来说都是很难实现的，因此全"活塞通风系统"只有早期地铁应用。

2) 机械通风

当活塞式通风不能满足地铁除余热与余湿的要求时，要设置机械通风系统。根据地铁系统的实际情况，可在车站与区间隧道分别设置独立的通风系统。车站通风一般为横向的送排风系统；区间隧道一般为纵向的送排风系统。这些系统应同时具备排烟功能。区间隧道较长时，宜在区间隧道中部设中间风井。对于当地气温不高、运量不大的地铁系统，可设置车站与区间连在一起的纵向通风系统，一般在区间隧道中部设中间风井的，应通过计算确定位置，利用风机对车站和区间进行通风。一般系统由 1 台送风机和 1 台排风机组成，平时负责车站公共区的通风换气，通过风阀切换，可对区间进行纵向通风。

开式系统多用于当地最热月平均温度低于 25 ℃，且客运量很小的地铁系统。开式系统的应用比较早，其优点是设备投资较少，运营费用低，但车站的舒适性、安全性较差，多为早期的城市地铁系统所采用，如伦敦、纽约、多伦多、莫斯科等城市。

2. 闭式系统

地铁内部与外界大气基本隔绝，只补充部分新风满足空气新鲜度的要求。闭式系统的车站一般采用空调系统，区间隧道的冷却借助与列车运行的活塞效应携带一部分车站的空调冷风来实现。在非空调季节，闭式系统采用开式运行。当前闭式系统的设计有集成模式和分区模式两种设计思路。

1）集成模式

北京城建院的"集成"模式，即将车站空调系统和区间通风系统合并，通过风阀的切换，实现不同工况和开式或闭式运行的需要。该模式在北京地铁、南京 1 号线延伸段得到应用。系统简单，设备用房少。主要的问题是隧道通风与车站大系统的工况匹配不一定合理，目前该系统的应用仍存在很大的争论。

2）分区模式

分区模式即根据负责的功能区不同，将隧道通风系统与车站通风空调系统分开。隧道通风系统由隧道风机、风道、风阀、迂回风道等组成，负责区间隧道的通风换气及事故、火灾通风。根据具体情况，区间隧道通风系统有的还设了活塞风道。车站通风空调系统由空调机组、回/排风机、小新风机组成，负责车站的环境控制。南京地铁 1 号线、广州地铁 1 号线采用了此系统。分区闭式系统车站部分如图 1-3 所示。

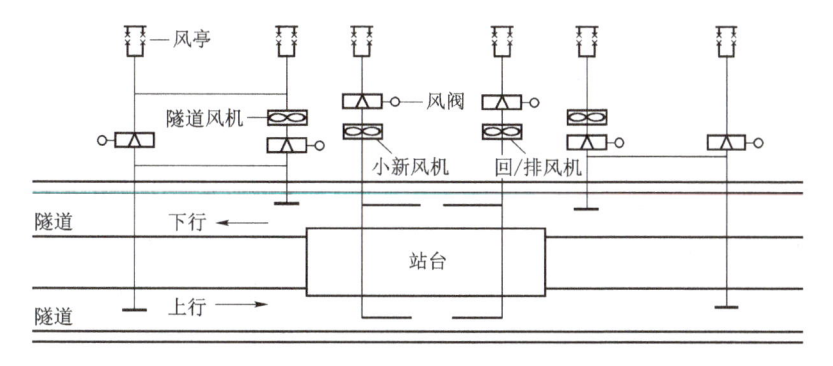

图 1-3 分区闭式系统车站部分

闭式系统的优点是车站和区间隧道的温度和气流速度能在不同的条件下满足设计要求；其缺点是车站的冷却量大，运营费用高，且舒适性和安全性较差，环控机房所需的面积和设备投入较大。

3. 屏蔽门系统

屏蔽门系统如图1-4所示，在车站站台的边缘安装可开启的屏蔽门，使站台和隧道分开，以隔断隧道的热空气进入站台内。车站两端设置活塞风井，利用"活塞效应"和机械风机进行隧道内的通风换气。车站安装空调系统，车站不受区间隧道行车时活塞风的影响，车站的空调冷负荷只需计算车站本身设备、乘客、广告、照明等发热体的散热，及区间隧道与车站间屏蔽门的传热和屏蔽门开启时的对流换热。

图1-4 屏蔽门系统

屏蔽门系统的优点是减少了运行噪声对车站的干扰，站台的舒适性和安全性较好，且运营费用低，特别是空调季节；缺点是增加了屏蔽门的费用，隧道通风效果较差，非空调季节的通风能耗较高。

在地铁的三种环控系统中，开式系统应用比较早。随着人们对生活环境要求的提高，开式系统的应用越来越少，且在亚热带及热带等夏季温度比较高的地区，开式系统已经不能满足人们的需求。

闭式系统使地铁车站内空气与外界大气不相连通，仅通过空调通风系统控制站内环境。这便可以使车站和区间隧道的温度和气流速度能在不同的条件下满足设计要求。但是，在空调季节，列车进出站时的"活塞效应"将站内的冷空气带入区间隧道，冷却隧道，这将大大地增加站台的冷负荷。非空调季节，站内空调关闭，闭式系统做开式运行，利用列车行驶的活塞效应，将室外新风通过风亭引入隧道，冷却区间隧道，然后通过风亭排至室外。由此可见，空调季节，闭式系统的冷负荷较大，而非空调季节，系统的通风负荷较小。但是其安全性、舒适性较差，特别是近些年来人们对地铁安全性的要求越来越高。

近几年发生了许多起地铁站台事故，地铁安全越来越引起人们的关注。据有关部门统计，上海地铁自正式运营以来，共发生乘客掉下站台的事故约20起。广州地铁1号线运营后，2000年全年发生的乘客掉下站台或跳轨事件共有19例，2001年有10例。北京地铁类似的事故已经发生50多起。可见，地铁站台事故的发生，不仅对人们的人身安全造成伤害，也会对地铁的运营产生非常重要的影响。

屏蔽门的出现，很好地解决了地铁站的安全问题；更重要的是，屏蔽门将站台和隧道隔开，避免了隧道与站台的空气交换，大大地减少了地铁站空调季节的冷负荷；同时也减小了噪声及活塞风对站台乘客的影响，改善了地铁乘车环境，也为轨道交通实现无人驾驶创造了条件。屏蔽门系统是应地铁系统节能与安全的要求而产生的，已经在国内外地铁系统中得到广泛的应用。据统计，采用屏蔽门系统后，与闭式系统比较，可以节省30%~50%的环控运营能耗，深圳地铁空调能耗可节约40%。同时，尽管屏蔽门系统减少了站台的冷负荷，但是却增加了通风负荷。屏蔽门系统配有2台上部排热通风/下部排热通风系统风机和4台TVF风机，空调季的区间通风方式为站台两侧列车出站端活塞风井进风。在列车"活塞效应"的作用下，流过下游区间隧道，由下一站的站台下排风机排出。夜间由站台两端活塞风井进风，站台下风机排风。冬季与过渡季节区间机械通风方式同夏季，无夜间通风。

由此可见，在屏蔽门系统中，区间隧道需要消耗大量的通风能耗以调节隧道内的环境；且在非空调季节，站台没有利用活塞风，通风能耗也将比闭式系统大。因此，屏蔽门系统与闭式系统相比，节能与否，还需权衡他们的冷负荷和通风负荷。屏蔽门系统因隧道内气流交换的减少而附加的一部分能量主要是UPE（下部排热通风系统）风机及空调季节的夜间通风，这部分能耗所占的比例还是相当大的。而在闭式系统中，由于活塞效应的通风作用，减少了风机的能耗。但由于屏蔽门系统在空调负荷方面占绝对优势，所以整个系统仍然能够起到节能的作用。

1.3　环控系统的组成

1. 环控风系统

环控风系统包括大系统、小系统和隧道通风系统，具体组成如下：

（1）大系统，即车站公共区（站台、站厅）通风空调系统，由空调机组、回/排风机、全新风机、空调新风机及对应的送风管路和回/排风管路等组成。

（2）小系统，即设备及管理用房通风空调系统。

（3）隧道通风系统，包括隧道通风机、推力风机、射流风机、隧道洞口空气幕风机，以及风亭和管道等。

2. 环控水系统

环控冷水系统，简称环控水系统，包括大系统冷水机组、小系统冷水机组和水管路及其附件。

3. 给排水系统

给排水系统主要由给水系统和排水系统两部分组成。给水系统主要由生活给水系统、生产给水系统和水消防给水系统组成，排水系统则包括污水系统、废水系统和雨水系统。

4. 低压配电与照明配电系统

低压配电与照明配电系统包含照明系统和低压配电系统两个子系统，主要作用是为低压设备提供和分配电能。

小贴士：在火灾发生时，可以通过机械排风方式进行排烟，有利于工作人员撤离和消防人员灭火。

项目小结

1. 狭义的环控系统为城市轨道交通内部空气环境控制系统，是指对车站站厅、站台、隧道、设备及管理用房等处所进行空气处理的系统，系统能够创造适宜的空气环境，包括空气的温度、湿度、流动速度和质量等。

2. 广义的环控系统，包括环控风系统、环控水系统、给排水系统、低压配电与照明配电系统。

3. 开式系统允许隧道内的空气与周围空气自由交换，开式系统在地铁沿线设置了多座通风竖井，利用列车运行所产生的"活塞风"或机械风机，使地铁与外界进行空气的交换。

4. 闭式系统地铁内部与外界大气基本隔绝，只需补充部分新风满足空气新鲜度的要求。

5. 闭式系统的车站一般采用空调系统，区间隧道的冷却借助与列车运行的活塞效应携带一部分车站的空调冷风来实现。

6. 屏蔽门系统在车站站台的边缘安装可开启的屏蔽门，使站台和隧道分开，以隔断隧道的热空气进入站台内。

练习与思考

一、填空题

1. 地铁环控系统按照通风形式可分为（　　　）、（　　　）和（　　　）。

2. 闭式系统使地铁车站内空气与外界大气不相连通，仅通过（　　　）控制站内环境。

3. 开式系统在地铁沿线设置了多座通风竖井，利用列车运行所产生的（　　　）或（　　　），使地铁与外界进行空气的交换。

二、多项选择题

1. 在发生火灾等事故时能及时排除有害气体，必须在车站（   ）4 个要求不同的环境中，通过强制通风进行散热、除湿、照明和空气调节。

  A. 站厅   B. 站台   C. 隧道   D. 设备及管理用房

2. 地铁开式系统根据风井的数量分为（   ）活塞开式系统。

  A. 二风井   B. 三风井   C. 四风井   D. 五风井

3. 隧道通风系统由（   ）等组成。

  A. 隧道风机   B. 管道   C. 风阀   D. 迂回风道

三、简答题

1. 简述城市轨道交通环境控制系统的组成。
2. 简述城市轨道交通环境控制系统的功能。

第 2 章　环控通风系统

学习目标

了解地铁通风的概况。
了解空气质量调节的机理。
掌握隧道通风系统的组成、原理、运行模式。
掌握车站空调系统的组成、原理、运行模式。
认识环控风系统的各种设备。
掌握环控风系统主要设备的维修与维护。

学习要求

能力目标	知识要点	权重
了解地铁通风的概况	地铁通风系统发展状况、重要性、组成、工作原理；"回流现象"的机理和"临界风速"问题	5%
了解空气质量调节的机理	温度、湿度与舒适度；通风空调系统设置；空调系统运行	5%
掌握隧道通风系统的组成、原理、运行模式	车站隧道通风系统的组成、原理、运行模式；区间隧道通风系统的组成、原理、运行模式	30%
掌握车站空调系统的组成、原理、运行模式	车站空调大系统的组成、原理、运行模式；车站空调小系统的组成、原理、运行模式	30%
认识环控风系统的各种设备，会对主要设备进行维修与维护	风亭、风道和风井；空气处理设备；风机类设备；风阀类设备；消声装置	30%

2.1　地铁通风系统概述

2.1.1　地铁火灾事故通风的目的及重要性

由于地铁系统有许多机电设备以及车辆运行发热、乘客散热、新鲜空气带入的热量等，使地铁系统的温、湿度逐步升高。若不能很好地解决地铁内通风，地铁内温度会上升到乘客无法忍受的程度。因此，建立良好的地铁通风系统十分有必要，不仅能提供安全、舒适的乘车环境，减少能源消耗，而且能够降低地铁系统的建设投资和运行效益。

2003年韩国大邱市地铁火灾导致大量人员伤亡，在世界各国引起强烈反响，因此如何处理地铁火灾情况已成为更受关注的问题，地铁处在相对封闭的地下空间里，必须通过通风空调系统创造人工环境，以满足列车、设备、人员和防灾的需要，可以说通风空调系统在地铁中处于相对重要的地位。

地铁车站及区间隧道是狭长的地下建筑，除各车站出入口、送排风口与外界相通外，基本上与外界隔绝。由于列车运行及大量乘客的集散，使地铁环境具有如下特点：列车运行过程中产生大量的热被带入车站；列车及各种设备的运行产生的噪声不易消除，对乘客造成很大影响；地铁列车运行时产生活塞效应，若不能合理利用，易干扰车站的气流组织，影响车站的负荷；地层具有蓄热作用，随着运营时间的增加，地铁系统内部的温度会逐年升高；当发生火灾事故时，将导致环境恶化，不易救援。

随着我国经济建设步伐的加快，越来越多的城市已准备建设城市地铁项目，地铁建设的飞速发展无疑是我国现代化建设全面展开的前奏。通过地铁系统机械通风方式下事故风机的正常运转，有效地控制地铁系统内火灾烟气流的流向，避免"回流现象"的产生，并且及时排出烟气，减少旅客在列车内外接触过量的烟气，降低温度，尽量保持火灾区域有足够的能见度和清洁度，为及时疏散乘客、消防人员救火提供安全通道并尽可能减少损失。

2.1.2 国内外地铁通风与排烟系统研究现状

地铁系统是一个由车站、隧道和通风竖井组成的复杂三维网络，它与室内空气流动、公路隧道、铁路隧道、矿井通风等有着相似的分析方法。

1. 国外研究现状

根据统计，世界各个国家中地铁最长的城市位于美洲，欧洲和亚洲优厚的科研环境也促进了科学技术的发展。美国在地铁火灾仿真模拟方面贡献最大，伦敦和莫斯科在通风方面积累了诸多经验，尤其是车站站台方面的通风做得尤为突出。韩国在照明方面的技术比较先进，日本在地铁速度和节省空间及能耗研究方面一直走在世界前沿。

英国伦敦是世界上公认的地铁发源地，伦敦地铁自开通以来已改建很多次，现有12条线路纵横交错，总长达到408 km。伦敦地铁的独特之一是很多线路没有空调，可以想象在这样的一个交通线路四通八达的系统中，通风系统的稳定性和精确程度是极高的。莫斯科关于地铁的研究对我国地铁施工和科研都具有借鉴意义，莫斯科的地铁开始于1935年，起初地铁的修建具有战略意义，经过发展完善，现在的莫斯科地铁除了线路四通八达以外，还具有传统的文化意义，这些站厅文化内涵十分丰富，而且地铁站空间大，通风设备良好，排烟设备完善。我国第一条地铁就是在苏联相关技术人员的帮助下设计规划的，关于通风方面的研究，莫斯科是我国可以直接借助经验的城市之一。

亚洲的地铁开始于日本，对此展开的研究也远远领先其他国家。自1964年第一条地铁问世以来，日本许多大学和科研机构在隧道小截面运行和低功耗运行方面展开研究，同时在超音速和磁悬浮方面也有了突破，这使得铁路成为经济效益好、技术先进的绿色载运工具。

世界各国在地铁和轻轨方面的早期建设促进了这方面的科研发展，但是由于技术的更新需要时间的研磨，地铁的研究也是一波三折的向前发展。据不完全统计，截至2013年，世界上发达各国的首都都几乎进入建设、运营的"地铁时代"，经济发达的国家在地铁运营管理技术方面的研究都带有浓厚的本国特色和优点，而且都早于中国，但是由于诸多国家的研究几乎源于古老地铁的基础，随着我国近几年在地铁工程方面的大量投入，尤其是"高铁技术"的引入，结合我国特有山区地形优点，国内科研工作者在深埋和中长隧道中地铁运营方面获得的研究成果已经远远超过世界平均水平，有些技术已走在世界前沿。

2. 国内地铁通风研究

国内学者很早就开始研究铁路隧道通风了，但是由于我国地铁建设比国外晚，所以相对地铁的研究起步就有些滞后。中国地铁开始于1969年的北京地铁，但是这条地铁用于战备需要，开通时不对外开放。之后天津和上海等几个大城市先后开通地铁，此后地铁发展停滞不前。近10年来，随着城市化问题的突出，地铁在我国数十个大中城市建设并开通运营，同时在全国的各大高校和科研机构中，不少学者对地铁的通风、照明等研究也取得了阶段性的进展。西南交通大学、同济大学、北京交通大学、长安大学、兰州交通大学等高校注重理论研究，在通风计算、屏蔽门设置及火灾模型仿真方面取得了相关科研成果。以广州地铁设计院、各个铁道设计院等为代表的其他研究机构注重实践研究，深入研究解决各种工程施工科技项目，国内目前依托各地地铁工程出现了很多机构研究地铁通风过程的细节，出现了"百花齐放，百家争鸣"的大好局面。

理论方面出现了很多新思想和方法。例如，西南交通大学硕士何剑锋在他的论文中提出了如何判断取舍通风井的方法，硕士谢宣提出活塞风与轨顶通风结合的方法。中国自20世界70年代末开始关注铁路隧道的通风研究。由于早期建设的地铁少之又少，所以各项研究只能在实验阶段，同时引入空气动力学解决遇到的空气流动问题。其中中国铁道科学研究所、西南交通大学、同济大学和清华大学等诸多科研单位对隧道空气动力学问题进行了初步探索，主要采用特征线简化气体流动模型，编制模型和仿真。

2008年以来，国内诸多科研单位结合合武铁路、石太客运专线、京广高铁、郑西高铁和京沪高铁以及秦岭终南山隧道等单位，进行了大规模的实地火灾实验，取得了宝贵的数据。

2.1.3 "回流现象"的机理和"临界风速"问题

地铁系统内发生火灾的特性与地上建筑或者一般的地下建筑有所不同，其中的浮力效应和扼流效应是影响烟流的重要因素。在发生火灾时，在地铁站台或隧道的顶部会形成一层远离火灾源的热烟气流，向隧道区间两侧扩散，同时冷空气流从隧道下部向着火点进行补充，火源两侧有对称的循环风流，如图2-1所示。

地铁机械通风是通过向火灾源送风以改变火灾源附近热气流的平衡。如果送风量充足，热烟气流会流向送风流的下风方向；但当送风风量不足时，附着在顶部区域的热烟气流将会向上风方向流动，此现象被称为"回流现象"，如图2-2所示。

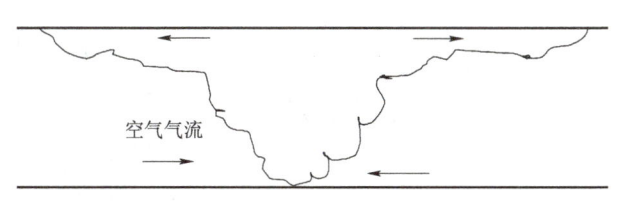

图 2-1　典型的不通风隧道火灾烟气示意图

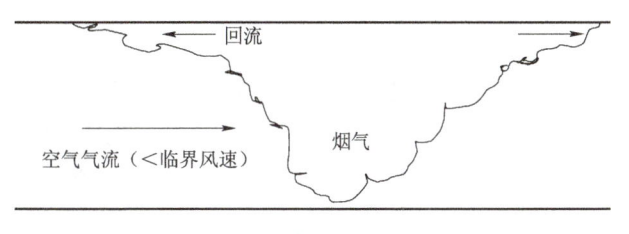

图 2-2　回流现象——通风不充分

能否发生回流现象涉及许多因素，包括火灾规模、隧道坡度和几何形状以及通风气流的速度等。阻止隧道内出现"回流现象"的最小风速即为"临界速度"。是否发生回流现象，主要看通风气流速度是否大于临界风速。

当空气流速大于临界风速时（见图 2-3），显然隧道内纵向风速越大，越容易将烟气控制在一侧，但纵向风速过大时，不仅带来设备投资的增大，而且加强了气流的紊流程度，使烟气层较早降至路面，隧道断面提前充满烟气。我国《地铁设计规范》（GB/T 50157—2003）规定区间隧道断面隧道风速不小于 2 m/s，但风速也不得大于 11 m/s。

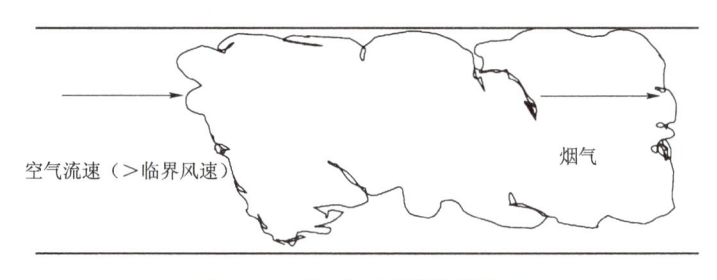

图 2-3　空气流速大于临界风速

2.1.4　地铁通风结构

地下车站环境通风系统就是依照风流动的路线，从进风口到排风口，以通风机为动力，由管道网络、三防设施、消声装置等组成的空气流动系统。

地铁隧道通风量的计算不同于公路的隧道通风量计算，公路隧道注重隧道驾驶员的舒适度，以机械通风为主，区间隧道通风以活塞风通风为主，站台及设备通风以机械通风为主。地铁通风是按照地下工程的相关标准来设计的，按照近十多年的项目来看，由于有屏蔽门和安全门的出现，根据通风地点的不同，环控通风系统主要由地铁隧道通风系统、地铁车站通风系统等组成，地铁隧道通风系统包括区间隧道通风系统和车站隧道通风系统。车站通风系统又包括站厅公共区乘客通风系统（简称大系统）和设备与管理用房通风系统（简称小系统）。环控通风系统分类如图 2-4 所示。

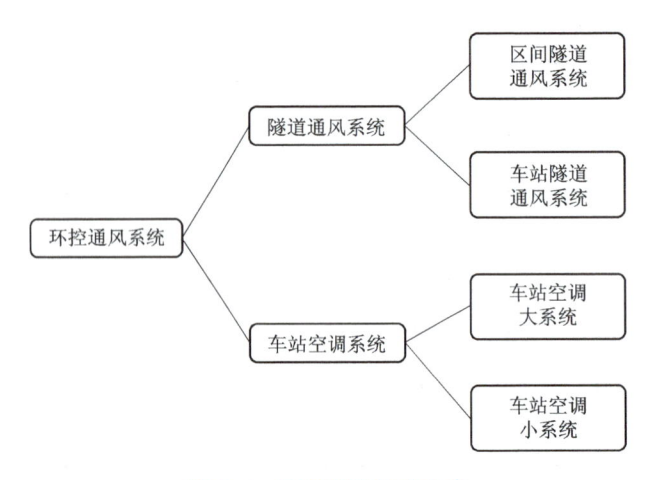

图 2-4 环控通风系统分类

通风系统基本组成如图 2-5 所示，主要由进风设备和回排风设备组成，包括空调机、空调新风机、全新风机、调节阀、回/排风机、隧道风机、推力风机、射流风机和防火阀等。

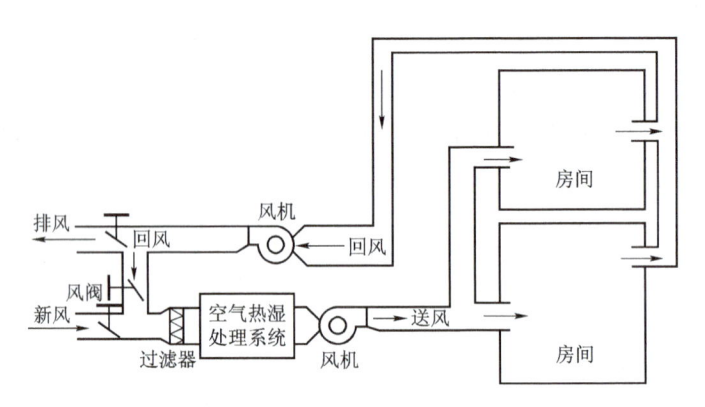

图 2-5 通风系统基本组成

机械通风包括机械送风、排风，如图 2-6 所示。一般用于对通风要求较高的地下设施。地下车站是各类人员聚集的地方，一般应采用此方式。按照通风机所在的位置不同，又有压入式送风、抽出式排风和抽压混合式通风。具体采用哪一种通风方式，要根据地下车站的实际通风量和通风要求决定。为保证地下车站内有一定的超压，抽出的风量必须小于压入的风量。

为减少通风距离，降低通风阻力，要尽量减少串联风路，广泛利用并联风路，如采用中间进风、两翼排风的方式，如图 2-7 所示。

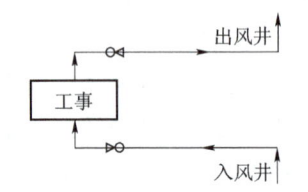

图 2-6 机械送风、排风示意图

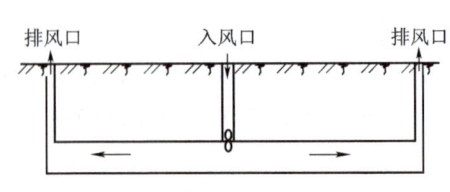

图 2-7 中间进风、两翼排风方式

2.2 空气质量调节

城市轨道交通车站（地下车站）的环境条件与地面大气条件相比，具有局部性和多变性。具体表现在：地铁车站比较封闭，空气较混浊，湿度较大；地铁车站进出乘客、工作人员不断散发出的热量、湿量或因地热、矿岩化热，使地下空气温度升高；夏季地表的热空气进入地下而凝结成露；因无风而感到闷热；因列车的活塞风造成气流的波动等，使车站内的空气温度、湿度和风流速度不断发生变化。据统计，地铁内各种发热源产生热量的比例为：人员15%、列车74%、设备及外界带入11%。为了更好地保证车站各类人员的安全舒适，同时防止车站各类机械、电气设施因腐蚀而损坏，必须掌握空气的温度、湿度、风流速度等环境气象条件的基本知识。

人对地铁环境的适应能力因年龄、在地铁中的逗留时间、健康状况和自然差异而不同。美国采暖、制冷与空调工程师协会（ASHRAE）在《地铁环境控制手册》中提出了各国公认的相对热流指标的方法（Relative Warmth Index，RWI）。此方法受多种因素的影响，诸如，人的健康、运动方式、服装及外界环境，还有温度、湿度、空气流速、辐射换热以及空气中的水蒸气分压力等，反映了人们在地铁内的瞬态感觉，可确定乘客对地铁环境的相对舒适感。

日本目前评价地铁热环境的函数值为不快指数，它与环境的温度、湿度这两项主要因素有关。对RWI与不快指数的影响因素加以比较可以看出，RWI评价地铁系统的热环境较不快指数更为全面和切合实际。

2.2.1 温度、湿度与舒适度

1. 空气的温度

因为城市轨道交通系统的车站一般设在离地表不深的地带（离地表面7~20 m），所以车站内的空气温度受地面气温的影响较大。如北京地铁，由于其建筑年代较早，车站内没有空调系统，故车站内的空气温度基本上和地面温度的变化同步。另外，地下车站内的空气温度还受下列因素的影响：

1）压缩或膨胀

一般每垂直高度上、下100 m，气温变化值在1 ℃左右，但这一因素对地下车站来说影响不大。

2）地下岩石的温度

一般在0~15 m深度内为地层温度变化带，夏天岩石由空气吸热而增温，冬天岩石向空气放热而降低岩石的本身温度。根据地表构造，可把地下岩石温度的变化分成三带，即温度变化带（地深0~15 m）、恒温带（地深15~30 m）和增温带（地深大于30 m）。

3）地下水的温度

由于地下车站的相对封闭性，故这一因素的影响可忽略不计。

4）地下机电设备的发热

大量的车站工作设备，尤其是动力设备和照明设备，将产生大量热量，从而使车站内的空气升温。

2. 空气的湿度

自然界中的空气都是含有水蒸气的空气，称为湿空气。湿空气由数量基本稳定的干空气（不含水蒸气的空气）和水蒸气两部分组成，其中水蒸气的含量较少，并且经常随着外界环境的变化而变化。湿空气中水蒸气含量的变化，对人体的舒适感、产品质量、工艺过程和设备的维护会产生直接影响。例如，夏天气温高，在我国的南方地区，由于水蒸气含量较高，人体会因闷热而觉得不舒服；而在北方地区，由于水蒸气含量不太高，故人体不会感到闷热。因此，在描述空气状态时，除了压力、温度等参数外，还需要对空气中水蒸气的含量和空气的含热量进行描述。

1）湿度

空气中水蒸气的含量称为湿度。湿度有以下几种表示方法：

（1）绝对湿度：单位容积的湿空气中含有的水蒸气质量。

（2）含湿量：单位重量的干空气中所含的水蒸气质量。

（3）饱和绝对湿度：空气在一定的温度下只能容纳一定的水蒸气量，所容纳的水蒸气含量达到最大值时的空气称为饱和空气；反之，水蒸气含量未达到最大值时的空气称为未饱和空气。空气达到饱和状态时，水分就不会再向空气中蒸发，这时人们就会感到潮湿。饱和空气的绝对湿度称为饱和绝对湿度，它反映出在一定的温度下，单位容积（1 m³）的湿空气所能容纳的水蒸气含量的最大值。

饱和绝对湿度与温度有关，温度下降时，饱和绝对湿度减小；温度上升时，饱和绝对湿度增加。如果将饱和空气的温度降低，由于饱和绝对湿度减小，故多余的水蒸气将凝结成水，这一现象称为结露。

（4）相对湿度：空气的绝对湿度与同温度下饱和空气的绝对湿度之比。相对湿度表明空气中水蒸气的含量接近于饱和状态的程度，即表示空气的干湿程度。显然，其值越小，表明空气越干燥，吸收水分的能力越强；其值越大，表明空气越潮湿，吸收水分的能力越弱。

2）影响空气湿度的因素

影响地下车站空气湿度的因素有许多，如季节、气温、雨季、地下含水层和地下水位等。

3. 空气的舒适度

地下车站空气的舒适度主要是指地下车站的气象条件是否使车站工作人员和大量乘降旅客感到舒适。它取决于车站内空气的温度、湿度和流速以及它们之间的相应关系。一般在相同气温下，湿度大的空气要比湿度小的空气使人感到闷热；在相同温度与湿度条件下，有风要比无风感到凉爽。因此，舒适度是空气温度、湿度和风速三者综合作用的结果，是人体感应周围空气环境的适应指标。

2.2.2 通风空调系统设置

城市轨道交通的内部空气环境应采用通风、空调与采暖方式进行控制，并应按下列规定进行设置：

(1) 当列车正常运行时，应保证内部空气环境的温度、湿度、气流速度和空气质量均应满足人员生理要求和设备正常运转需要。

(2) 当列车阻塞在隧道内时，应能对阻塞处进行有效的通风。

(3) 当列车在隧道发生火灾事故时，应能对事故发生处进行有效的排烟、通风。

(4) 当车站公共区和设备及管理用房内发生火灾事故时，应能进行有效的排烟、通风。

城市轨道交通的内部空气环境应优先采用通风（含活塞通风）方式进行控制。隧道内夏季的空气计算温度应符合下列规定：

(1) 当列车车厢不设置空调时，不应高于 33 ℃。

(2) 当列车车厢设置空调、车站不设置全封闭站台屏蔽门时，不应高于 35 ℃。

(3) 当列车车厢设置空调、车站设置全封闭站台屏蔽门时，不应高于 40 ℃。

隧道内冬季的最低空气温度不应低于 5 ℃。地下车站夏季站内空气计算温度和相对湿度应符合下列规定：

(1) 当车站采用通风方式时，站内的空气计算温度不应高于室外空气计算温度 5 ℃，且不应超过 30 ℃。

(2) 当车站采用空调时，站厅的空气计算温度应比空调室外计算干球温度低 2~3 ℃，且不应超过 30 ℃；站台的空气计算温度比站厅的空气计算温度低 1~2 ℃，相对湿度应为 40%~65%。

地下车站冬季站内最低空气温度不应低于 12 ℃。通风、空调与采暖系统的负荷应按预测的远期客流量和最大通过能力确定。通风、空调与采暖方式的设置和设备配置应充分考虑节能要求，并应充分利用自然冷源和热源。隧道和地下车站的进风应直接采自大气，排风应直接排出地面。

当采用通风方式、系统为开式运行时，每个乘客每小时需供应的新鲜空气量不应少于 30 m³；当系统为闭式运行时，每个乘客每小时需供应的新鲜空气量不应少于 12.6 m³，且所供应的新鲜空气量不应少于总送风量的 10%。

当采用空调时，每个乘客每小时需供应的新鲜空气量不应少于 12.6 m³，且所供应的新鲜空气量不应少于总送风量的 10%。高架线和地面线站厅内的空气计算温度应符合下列规定：

(1) 当采用通风方式时，夏季计算温度不应超过室外计算温度 3 ℃，且不应超过 35 ℃。

(2) 当采用空调时，夏季计算温度应为 29~30 ℃，相对湿度不应大于 65%。

当高架线和地面线站厅设置采暖时，站厅内的空气设计温度应为 12 ℃。采暖地区的高架线和地面线车站管理用房应设采暖，室内空气设计温度应为 18 ℃。高架线和地面线车站设备用房应根据工艺要求设置通风、空调与采暖，设计温度按工艺要求确定。地下车站和隧道应设置防烟、排烟与事故通风系统。

地下车站站厅、站台公共区和设备及管理用房应划分防烟分区，且防烟分区不能跨越防火分区。站厅、站台公共区每个防烟分区的建筑面积不应超过 2 000 m²，设备及管理用房每个防烟分区的建筑面积不应超过 750 m²。

地下车站公共区火灾时的排烟量应根据一个防烟分区的建筑面积按 1 m³/（m² · min）

计算；当排烟设备负担两个或两个以上防烟分区时，其设备能力应按同时排除其中两个最大的防烟分区的烟量配置；当车站站台发生火灾时，应保证站厅到站台的楼梯和扶梯口处具有能够有效阻止烟气向站厅蔓延的向下气流，且气流速度不应小于 1.5 m/s。

当地下车站设备及管理用房、内走道、地下长通道和出入口通道需设置机械排烟时，其排烟量应根据一个防烟分区的建筑面积按 1 m^3/（m^2·min）计算，排烟区域的补风量不应小于排烟量的 50%。当排烟设备负担两个或两个以上防烟分区时，其设备能力应根据最大防烟分区的建筑面积按 2 m^3/（m^2·min）计算的排烟量配置。

隧道火灾排烟时的气流速度应高于计算的临界风速，最低气流速度不应小于 2 m/s，且不应高于 11 m/s。

列车阻塞在隧道时的送风量，应保证隧道断面的气流速度不小于 2 m/s，且不应高于 11 m/s，并应控制列车顶部最不利点的隧道空气温度不超过 45 ℃。

隧道的排烟设备应保证在 150 ℃时能连续有效工作 1 h；地下车站公共区和设备及管理用房的排烟设备应保证在 250 ℃时能连续有效工作 1 h；地面及高架车站公共区和设备及管理用房的排烟风机应保证在 280 ℃时能连续有效工作 0.5 h。烟气流经的辅助设备应与风机耐高温等级相同。

地铁与轻轨系统封闭空间的环境，应采用空调、采暖及通风方式进行控制。控制方式的设置和设备配置，应充分利用自然冷、热源条件，并应符合现行行业标准《铁道客车空调机组》（TB/T 1804—2009）的有关规定。

空调、采暖及通风系统的运行，应确保隧道和车站内的环境温度、湿度和新鲜空气供应量，并应控制二氧化碳、粉尘等有害物质的浓度不得超标。

空调、采暖及通风系统运行管理部门应制定正常运营、列车阻塞、火灾和紧急情况下的各类通风模式，并应与环境、设备监控系统统一协调，同时应及时启动相应的监控模式。

2.2.3　空调系统运行

空气调节系统简称"空调系统"。空气调节系统由被调节对象、空气处理设备、空气输送设备和空气分配设备等组成，其任务是对空气进行预先设置的处理，使其能满足人们的要求，包括空气的温湿度、清洁度等，然后将其输送到地下车站的各个空间，使空间内的温湿度、清洁度稳定在一定的范围内，满足乘客在车站内乘降时对环境舒适度的要求。

1. 空调系统分类

1）按空气处理设备的设置分

（1）集中式空调系统：又称中央空调，是将所有空气处理设备及通风机、水泵的功能设备都设在一个集中的空调机房内，经处理后的空气，经风道输送到各空调房间或空间。

（2）半集中式空调系统：除了设有集中在空调机房内的空气处理设备用来处理部分空气之外，还有分散在被调房间内的空气处理设备，以便对部分房间或空间的空气进行就地处理或满足送风状态的不同要求。

（3）分散式空调系统：是将空气处理设备全部分散在被调房间或空间，空调机组把空气处理设备、风机以及冷热源、控制装量都集中在一个箱体内，形成一个紧凑的空调系统。

2）按负担室内热湿负荷所用的介质分

（1）全空气式空调系统：指对空调房间内的室内空气调节全部由经过处理的空气来负担，此时需要用较多的空气量才能达到消除余热、余湿的目的，要求有较大的风道断面或较高的风速。

（2）全水式空调系统：指对空调房间内的热湿负荷调节全靠水作为冷热介质来负担，可用少量的水来消除余热、余湿，但不能解决通风换气问题。

（3）制冷剂直接蒸发式空调系统：指通过制冷剂的直接蒸发来负担空调房间内的负荷调节，并且，由于制冷剂的双向工况运行特性，使其具有制冷和取暖的双向功能。

此外，按集中式空调系统处理的空气来源分，有封闭式空调系统、直流式空调系统和新回风混合式空调系统；按风道中空气流速分，有高速空调系统和低速空调系统；按空调系统的风量固定与否分，有定风量空调系统和变风量空调系统等。

2. 典型空调系统介绍

1）集中式空调系统

集中式空调系统是一种低速、单风道集中式空调系统。以直流式空调系统为例。如图 2-8 所示，在夏季，该系统的空气处理任务就是将室外空气由状态 W 处理到规定的送风状态 O，然后送入室内，以改变或达到室内要求的空气状态 N，保证室内温度的要求。为此，系统采用的处理方法为：室外新风由状态 W，经喷水室进行冷却减湿处理，达到机器露点状态，然后经过加热器加热到 O 点，送入室内，既能保持送风温差，又能消除室内的余热、余湿，使室内空气维持状态点 N 的参数。同理，在冬季将室外的空气加热加湿后送到室内，提高室内空气的温度和湿度。

2）半集中式空调系统

图 2-9 所示为半集中式空调系统风机盘管机组的构造图，它由盘管热交换器和风机组成，可以使室内回风直接进入机组进行冷却去湿或加热处理。

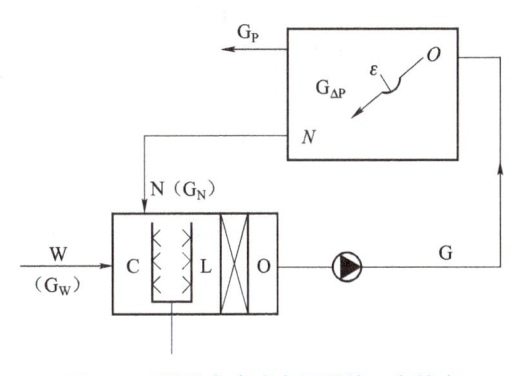

图 2-8 夏季直流式空调系统工作状态

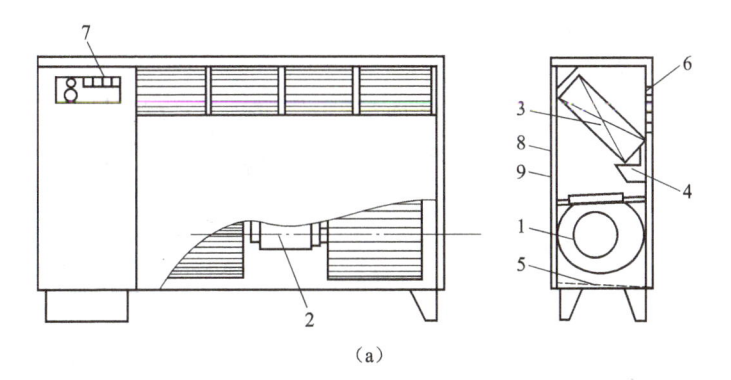

图 2-9 风机盘管机组构造
（a）立式

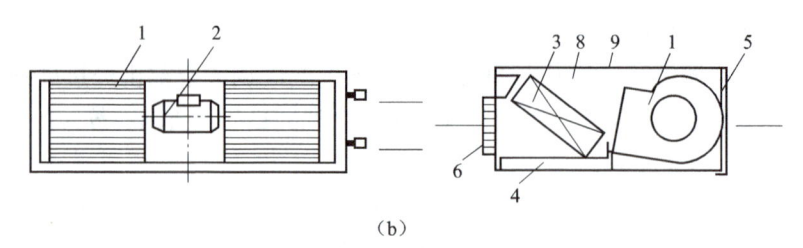

图 2-9 风机盘管机组构造（续）

（b）卧式

1—风机；2—电机；3—盘管；4—凝水盘；5—循环风进口及过滤器；
6—出风格栅；7—控制器；8—吸声材料；9—箱体

风机盘管系统的新风供给方式主要有：
(1) 借助室外空气的渗入和室内机械排风以补给新风。
(2) 墙洞引入新风直接进入机组。
(3) 由独立的新风系统供给新风。

在风机盘管系统中，随着季节变化，盘管可能需要供冷水或热水，需要为其提供冷源或热源。对于具有供、回水管各一根的风机盘管水系统，采用夏季供冷水、冬季供热水的方法提供所需的冷热源。

3) 分散式空调系统

分散式空调系统是一个采用制冷剂直接蒸发的小型空调系统，它将空气处理设备各部件与通风机、制冷机组组合成一个整体，结构紧凑、安装方便、使用灵活。按目前常用的分散式空调系统结构形式分为整体式和分体式，前者是将空气处理部分、制冷部分和电控系统的控制部分等安装在一个机体中形成一个整体，而后者是将蒸发器和室内风机作为室内侧机组，把制冷系统的除蒸发器以外的部分移于室外。按冷凝器的冷却方式来分，有水冷式和风冷式。按使用功能分，有单冷型和冷热两用型。按装置位置分，有窗式、壁挂式和立柜式等。图 2-10 所示为分散式空调系统的构成示意图。

4) 利用制冷剂直接蒸发式空调系统

利用制冷剂直接蒸发制冷的基本原理如图 2-11 所示。它是利用有挥发性的制冷剂（目前使用最多的为氟利昂 12，即二氯二氟甲烷 CF_2CL_2），在低温下由液态挥发成气体（经蒸发器），再由气体经冷凝器成为液体的循环变化。当液体蒸发成气体时，吸收其周围热量，并使其温度降低。而已吸收热量的气体则采用强制冷却的方法除去它的热量，一般有水冷和风冷两种。冷风机，又称制冷空调机，一般采

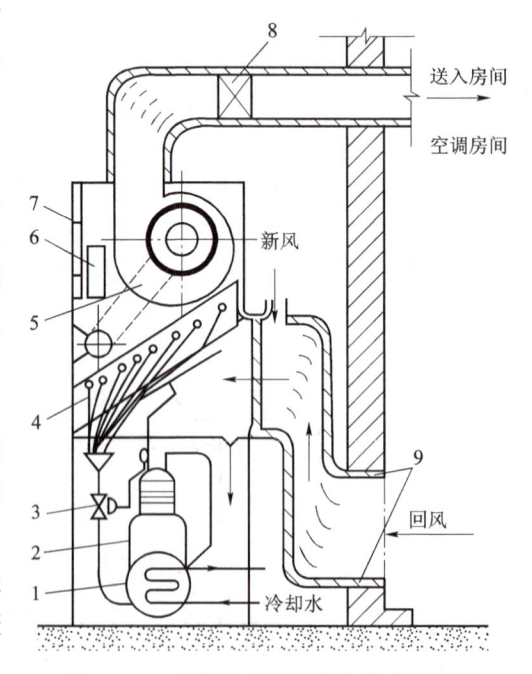

图 2-10 分散式空调系统的构成示意图

1—冷凝器；2—制冷机；3—膨胀阀；4—蒸发器；
5—通风机；6—电加湿器；7—自动控制屏；
8—电加热器；9—空气过滤器

用压缩制冷的方法，蒸发器使液体冷媒吸热气化后，经压缩机压缩制冷，使其压力由低增高，经冷凝器使高压制冷剂蒸气冷凝为高压液体。液体流经节流阀，使高压制冷剂液体膨胀为低压、低温液体混合物，不断供向蒸发器，并经吸热气化而达到制冷的目的。采用机械方法制冷的工作原理可归结为如下几点：

（1）液体挥发为气体时，需要吸收周围大量的热，而热量被吸收后，周围空气的温度将降低。

（2）温度的变化不仅与物体所含的热量的多少有关，还与物体的体积和质量有关。

（3）物体热量的传递，只能直接由高温物体传向低温物体。

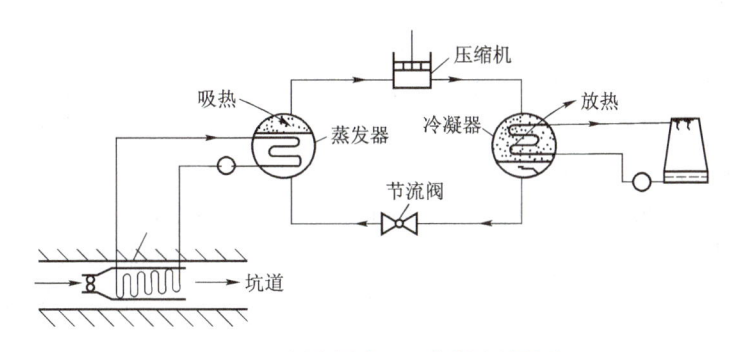

图 2-11 利用制冷剂直接蒸发制冷的基本原理

3. 空调系统的工况调节

空调系统的工况运行调节是指空调系统在工作过程中既要满足人们对环境大气物理条件调节的要求，又要能使空调系统处于相对经济的运行状态中，从而要求空调系统能够根据室内外大气物理条件的变化情况（如室外的冬、夏季，室内的热量变化等）调整自己的运行工况（如强冷、弱冷和通风等不同运行工况等）。一般经济合理的工况调节是指：

（1）通过调节，使室内的温度在允许的范围内。

（2）在冬季和夏季，为减少热量和冷量的消耗，在满足卫生要求的前提下，尽量利用室内循环空气。

（3）在过渡季节，尽量利用室外空气的自然调节能力，而对于地下车站，则可充分利用列车活塞风的效应。

（4）尽可能缩短冷冻机的工作时间。

以普通集中式空调系统的工况调节为例，考虑其随室内外大气物理条件变化时的工况调节。

1）室外空气状态变化

室外空气状态的变化可以引起两种变化：一是在空气处理条件不变的情况下，由于室外空气状态变化所造成的送风状态的变化；另一种是如果房间有外围护结构，由于室外温度的变化会引起传热量的变化，从而引起室内负荷的变化。为适应这种变化，就必须对室内的空气调节状态进行调节，目前常用的方法就是控制系统喷雾室后面的机器露点，通常是观察机器露点的干球温度。

2）室内空气状态变化

室内空气状态的变化是由于房间围护结构的传热量随着室内外空气温差和太阳辐射强度

的变化而变化，同时，房间内人体、照明、室内生产设备的散热量和散湿量也随着生产过程和人员的出入而产生变化，从而使室内热湿负荷也随时可能发生变化。通常的调节方法有定露点定风量调节再热器、调节回风混合比、调节通风与处理风的混合比、变露点调节再热器以及直接改变送风状态的含湿量等方法。

4. 空调系统的节能运行

地下车站的空调系统是一个庞大的耗电大户，因此空调系统的运行节能对整个轨道交通系统的能源节省具有重要的作用。目前空调系统的节能途径主要有：

1）合理选择室内设定值

确定合理的室内温度和湿度是节能的重要方面。对大部分工业空调系统及几乎全部的舒适性空调系统来说，采用全年固定设定值的方式是不经济的，也是不必要的。同时，在冬天把空气处理到偏高的设定值，夏天把空气处理到偏低的设定值也要消耗更多的能量。所以对大多数空调系统来说，可采用变设定值控制的方法。根据有关文献报道，夏季室内温度设定值从 26 ℃ 提高到 28 ℃，冷负荷减少 21%～23%；冬季室内温度从 22 ℃ 降低到 20 ℃，热负荷可减少 26%～31%，效果是很明显的。因此为节约能耗，空调房间内的温度、湿度基数，在满足生产要求和人体健康的前提下，夏季应尽可能提高，冬季应尽可能降低。

2）控制室外新风量

控制和正确利用室外新风量是空调系统冬、夏季的有效节能措施。空调系统的冬、夏季取用的最小新风量是根据人体卫生的要求，用来冲淡有害物质、补偿局部排风、保证空调房间一定的正压值而确定的。一般可根据被调空间的人流数量的增减来决定所需的新风。在地下车站，由于有明显的客流高峰和非高峰时段，因此完全可以利用新风量的调节起到节能的作用。

3）运行管理的自动控制

空调系统调节的自动化，不仅可以提高调节的质量，降低冷、热量的消耗，减少能量，减轻劳动强度，同时还可以提高劳动生产率和技术管理水平。空调系统的自动控制就是根据被调参数（如温度、湿度等）的实际值与给定值之间的偏差，用专用的仪表和装置组成的自动控制系统调节参数的偏差值，使参数保持在允许的波动范围内。

2.3　隧道通风系统

隧道通风系统，是指主线上相邻站台之间隧道内的通风系统。根据通风服务区域的不同又分为区间隧道通风系统和车站隧道通风系统两部分，如图 2-12 所示。

1. 车站隧道通风系统

近几年新建设的地铁工程在车站站台公共区的边缘都设置了屏蔽门，隧道空间从车站中被隔离出去，列车的停车位置形成了"车站隧道"，为保证列车停车时车载空调器的正常运行以及排除列车的制动发热量，车站隧道内设置轨顶回排风管（OTE）和站台下排风道

(UPE)，如图 2-13 所示，对应列车的各个发热点设置排风口，再通过轨道排风机及相应的管道将热空气排出地面。轨道排风机同时具备在 2 500 ℃下持续运行 1 h，以满足风道火灾运行工况的特殊要求。

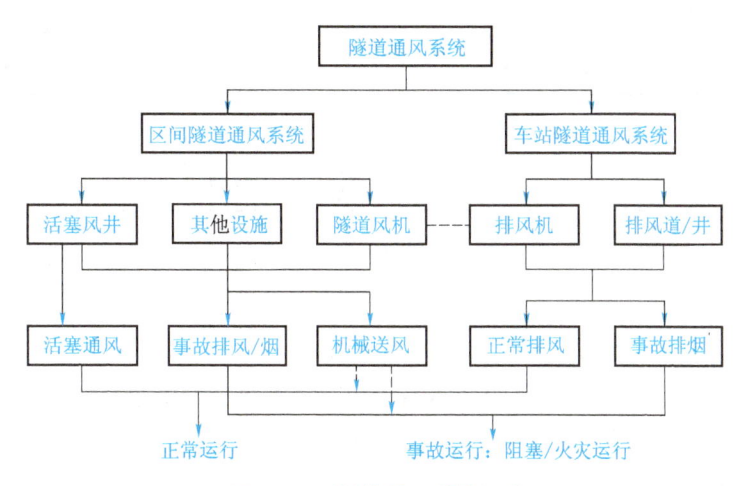

图 2-12 隧道通风系统组成

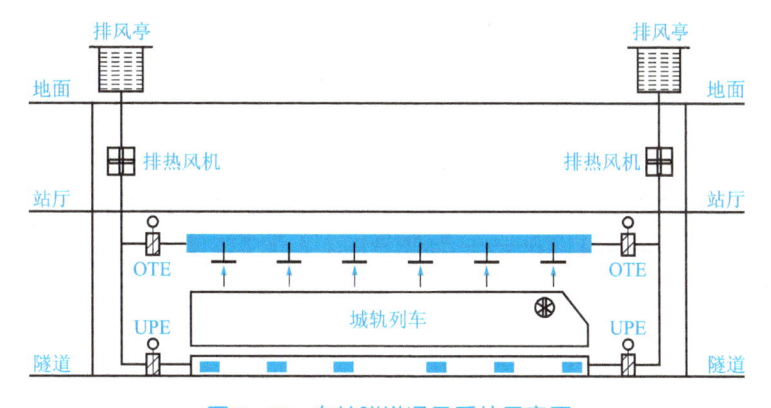

图 2-13 车站隧道通风系统示意图

车站隧道通风系统的主要设备为轨道排风机、电动风阀和防火阀。活塞风是列车在隧道内运行过程中强迫气流形成的阵风，通过隧道和隧道活塞风道进、出。如深圳地铁 1 号线除国贸站和会展中心站外，各站均在站台层两端排热风机房内设 1 台排热风机，各负责轨顶回排风管及站台下排风道内 1/2 的热量。

2. 区间隧道通风系统

车站两端上下行线一般各设一个活塞风道以及相应的风亭，如图 2-14 所示，作为正常行驶时依靠列车活塞作用实现隧道与外界通风换气的通道。同时，在隧道与其相对应的活塞风井之间再设置一套隧道风机装置，该装置在无列车活塞作用时对隧道进行机械通风。通过对设于活塞通风风道以及机械通风风道上的各个组合风阀的开闭与隧道风机启停的各种组合，构成多种运行模式，满足不同的运营工况要求。区间隧道通风系统的主要设备有隧道风机（TVF）、推力风机、射流风机及相关的电动风阀。

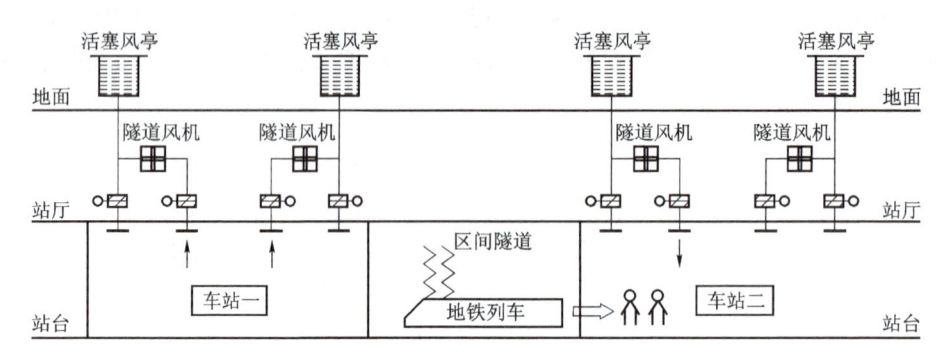

图 2-14　区间隧道通风系统示意图

2.3.1　车站隧道通风系统

由于屏蔽门设置后，停站列车的产热不能像闭式系统一样由车站空调系统承担，**通常是在通过轨顶和站台板下的风口及风道将列车发热量排到室外，常称之为车站隧道通风**，其通风原理如图 2-15 所示。

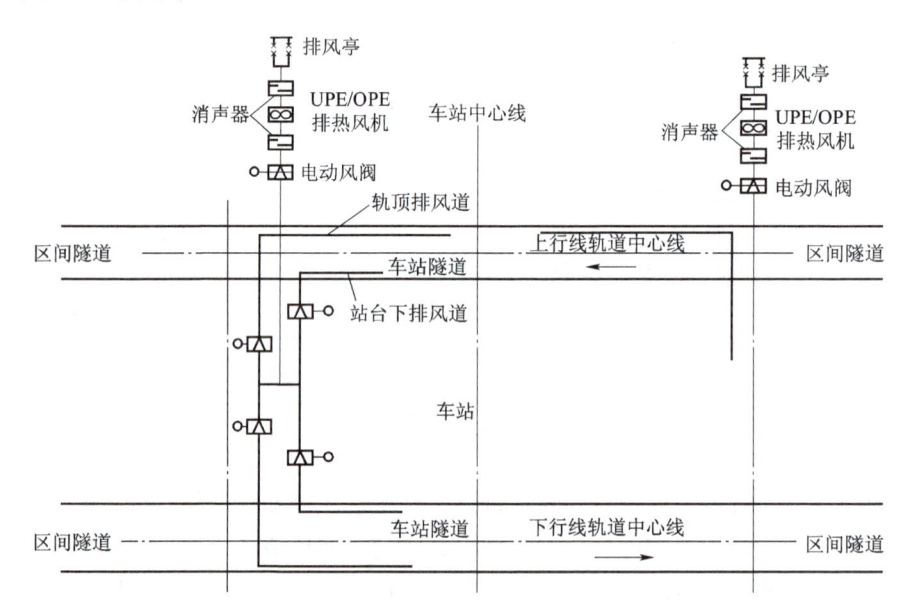

图 2-15　车站隧道通风系统的原理

列车停靠的车站轨行区通过屏蔽门与车站站台分隔开，当列车停留在车站轨行区范围内时，车用冷凝器仍在向轨行区排放热量，这部分热量需要排除，故设置车站轨行区排热系统。该系统包括排热风机及其附属设备消声器、排热风阀等，设置浸轨顶排热风道和站台下排热风道来排除轨行区热量。列车顶排风为总风量的 60%，站台下排风为总风量的 40%。

小贴士：站台公共区或车站轨行区发生火灾时，开启屏蔽门、排热风机可进行排烟。

2.3.2 区间隧道通风系统

区间隧道通风系统一般布置于车站两端，设置活塞风道和相应的隧道风机（TVF），以及与其相应配套的消声器、组合风阀、风道、风井、风亭等组件，其作用是通过机械送、排风或列车活塞风作用排除区间隧道内余热余湿，保证列车和隧道内设备的正常运行。

典型区间隧道通风兼排烟系统如图 2-16 所示。每天清晨运营前半小时打开隧道风机（TVF）进行冷却通风，既可以利用早晨外界清新的冷空气对城市轨道交通进行换气和冷却，又能检查设备及时维修，确保发生事故时能投入使用。

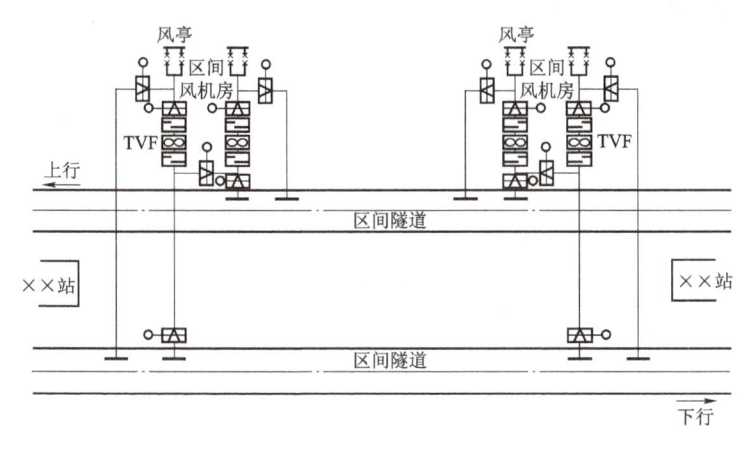

图 2-16 典型区间隧道通风兼排烟系统

资源 2-1 隧道列车火灾通风

在列车由于各种原因停留在区间隧道内，而乘客不下列车时，顺列车运行方向进行送排风等机械通风，冷却列车空调冷凝器等，使车内乘客仍有舒适的旅行环境。

当列车发生火灾时，应尽一切努力使列车运行到车站站台范围内，以利于人员疏散和灭火排烟。当发生火灾的列车无法行驶到车站而被迫停在隧道内时，应立即启动风机进行排烟降温，即隧道一端的隧道风机向火灾地点输送新鲜空气，另一端的隧道通风机从隧道排烟，以引导乘客迎着气流方向撤离事故现场，消防人员顺着气流方向进行灭火和抢救工作。

隧道风机（TVF）可放置在活塞风道内，但应保证其功能要求。根据地面风井的设置条件，可分为单活塞和双活塞方案。大部分车站采用双活塞风道方案，即车站两端对应于上、下行区间隧道各设一条区间活塞/事故风道，通过活塞/事故风阀（开孔面积为 20 m²）与相对应的区间隧道连通。每条风道内设置一台区间事故风机（参数为：风量 40~90 m³/s，风压 800~1 200 Pa），风机后设置与风机联动的事故风阀，风机旁边的过流面积满足活塞通风要求，在该过流断面上设置活塞风阀（风阀净流通面积 16 m²）。两条风道之间通过风阀可以连通，通过开启和关闭不同的阀门，可以实现活塞通风工况，或者两台区间事故风机对同一区间隧道进行通风或排烟的工况。

1. 正常运行

正常通风模式如图 2-17 所示，在自然闭式系统中，当外界大气焓值大于车站空气焓值时，关闭隧道通风井，即关闭隧道活塞风阀（TVP），打开车站内迂回风道，区间隧道内由列车运行的活塞作用进行通风换气，活塞风由列车后方车站进入隧道，列车前方气流部分进入车站，部分从迂回风道循环到平行的相邻隧道内口。

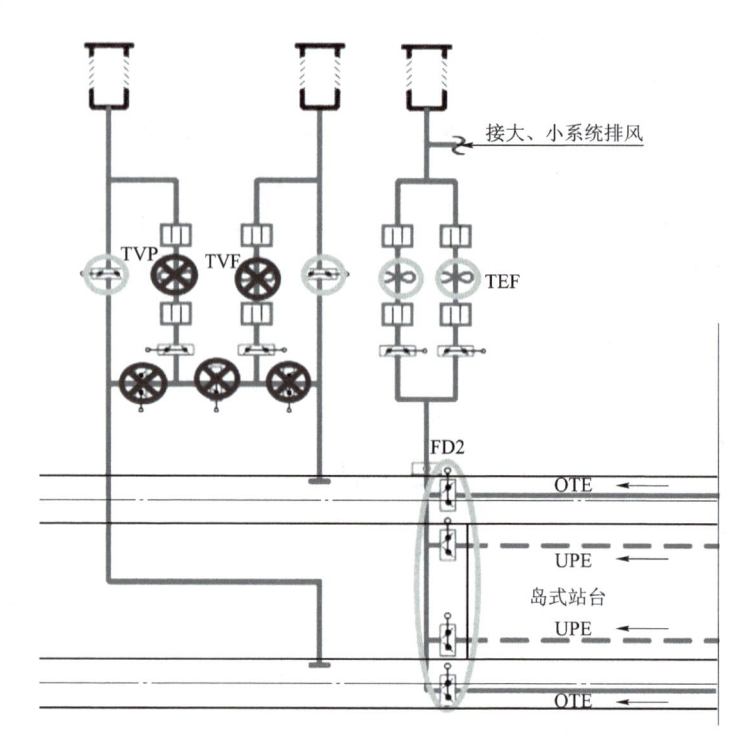

图 2-17　正常通风模式实现

在自然开式系统中，当外界大气焓值小于车站空气焓值时，打开隧道风井，由于列车的活塞作用，若外界大气从列车运行后方的隧道通风井进入城市轨道交通隧道，此方式为进风方式；若外界大气从列车运行的前方隧道通风井排出地面，此方式为排风方式。

在机械开式系统中，当外界大气焓值小于车站空气焓值时，自然开式不能满足隧道内温、湿度要求，隧道风机（TVF）启动，进行机械通风。若外界大气从列车运行后方的隧道通风井经隧道通风机送至隧道内，此方式为送风方式；若外界大气从列车运行的前方隧道通风井经隧道回/排风机（TEF）排出地面，此方式为排风方式。

小贴士：区间隧道通风系统的运行模式以及通风方式是个较为复杂的问题，它不是完全独立的系统，与车站大系统有很多联系，运行中将与车站大系统共同动作。

2. 阻塞及火灾事故运行

1）阻塞事故运行

阻塞事故运行指列车在正常运行时由于各种原因停留在区间隧道内，此时乘客不下列车，这种状况称为阻塞事故运行。

在车站空调、通风系统中，当列车阻塞在区间隧道内时，车站空调、通风系统按正常运行，当隧道风机需运转时，车站按全新风空调通风运行。在运行隧道风机时，该端站台回、排风机停止运行，使车站的冷风经隧道风机送至列车阻塞的隧道内。

在区间隧道通风系统中，在闭式机械运行环境下，当车站自然闭式运行时，若发生列车在区间隧道内阻塞，隧道风机运转，将车站冷风送至隧道内；在开式机械运行环境下，当车站开始运行时，若发生列车在区间隧道内阻塞，隧道风机按机械开式的模式运行。

2）火灾事故运行

地下铁道空间狭小，一旦发生火灾，乘客疏散和消防条件较地面更为恶劣，因此，设计中应作为重点解决的问题。火灾时一切运行管理都应绝对服从乘客疏散及抢救工作的需要。

列车在区间隧道内发生火灾时，应首先考虑将列车驶入车站，如停在区间时，应判断列车着火的部位、列车的停车位置，按火灾运行模式向火灾地点输送新鲜空气并排除烟气，让乘客迎着新风方向撤离事故现场，同时让消防人员进入现场灭火抢救。

2.4 车站空调系统

2.4.1 车站空调大系统

车站站厅、站台公共区的制冷空调及通风（兼排烟）系统，简称车站空调大系统，如图2-18所示。该系统由组合式空调机、回/排风机、新风机、排烟风机、各种风阀等组成。空调大系统的主要设备一般集中、对称地分布于车站站厅层两端的环控通风机房，机房内一般分别设置1台或2台组合式空调机组，每台机组对应一台回/排风机；车站每端设置1台空调小新风机，提供车站公共区域的新风量。各站空调大系统的设备配置基本一致。如深圳地铁1号线，除国贸站和老街站外，各站空调大系统配置了组合空调机、新风机、回/排风机（兼排烟机），分别设于站厅两端的环控机房内，通过风阀、风管向站厅、站台中心方向均匀送、排风，各担负半个车站的空调负荷。

空调大系统运行具有小新风空调、全新风空调和全通风三种模式。

资源2-2 空调大系统运行模式

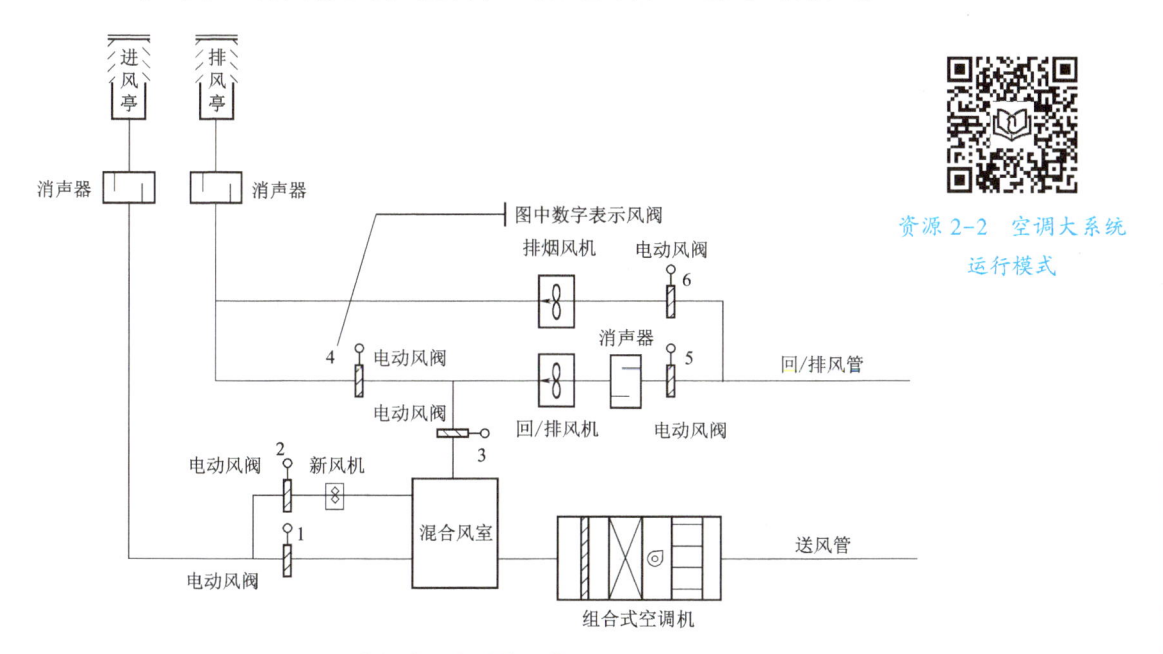

图2-18 车站空调大系统示意图

1. 小新风空调

当外界空气焓值（空气中含有的总热量）大于车站空调大系统回风的空气焓值时，采用小新风空调运行，此时关闭电动风阀1、6，全开电动风阀2、5，调节电动风阀3、4，一部分排风排出车站，另一部分回风循环使用。

2. 全新风空调

当外界空气焓值小于或等于车站空调大系统回风的空气焓值时，采用全新风空调运行，此时关闭电动风阀2、3、6，全开电动风阀1、4、5，组合式空调机处理室外新风后送至车站公共区域，排风则全部排至车站外。

3. 全通风

当外界空气温度小于空调送风温度时，停止水系统的冷水机组运行，采用全通风运行，此时关闭电动风阀2、3、6，全开电动风阀1、4、5，室外空气经过组合式空调机送至车站公共区域，排风则全部排至车站外。

站台层发生火灾时的排烟如图2-19所示，停止车站冷水系统；控制风管相关风阀的开/闭，向站厅层送风，停止向站台层送风，站台层进入排烟状态（高速排烟），使得站台层对站厅层形成负气压，阻止烟雾向站厅层蔓延，并形成楼梯（自动扶梯）的逃生气流通道。

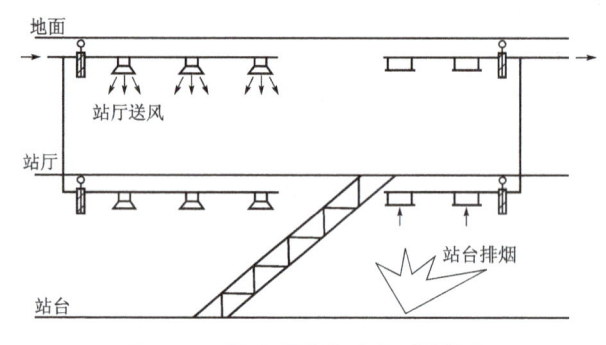

图 2-19 站台层发生火灾时的排烟

站厅层发生火灾时的排烟如图2-20所示，停止车站冷水系统；控制风管相关风阀的开/闭，向站台层送风，停止向站厅层送风，站厅层进入排烟状态，使得站厅层对地面、站台层形成负气压，阻止烟雾向站台层蔓延，并形成地面楼梯的逃生气流通道。

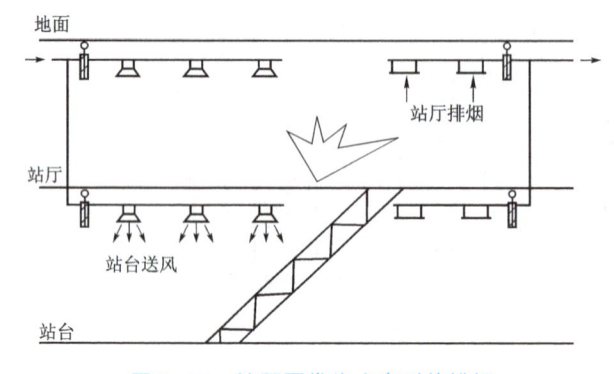

图 2-20 站厅层发生火灾时的排烟

总之，发生列车火灾及站台火灾时，应使站台到站厅的上、下通道间形成一个不低于 1.5 m/s 的向下气流，使乘客从站台迎着气流撤向站厅和地面，因此，除车站的站台回、排风机运转向地面排烟外，其他车站大系统的设备均停止运行。

资源 2-3　车站火灾排烟

发生事故或火灾时，必须借助设备监控系统和防灾报警监控系统来自动完成风系统的功能转换，根据在车站的风亭，风道，送、排风室，站厅，站台，区间隧道以及各管理设备用房内安装的温湿度、CO_2 浓度和火灾报警探测器所探测的数据，经设备监控系统和防灾报警监控系统的协同工作，得出不同的结果，以确定出不同的运行模式，同时控制各种设备按运行模式投入运行。

2.4.2　车站空调小系统

车站管理及设备用房的空调通风（兼排烟）系统，简称空调小系统，如图 2-21 所示。空调小系统由空气处理机（组合式空调机）、送风机（空调小新风机）、回/排风机（排烟风机）、消声器（耐高温）、多种调节阀、防火阀和风管等组成。

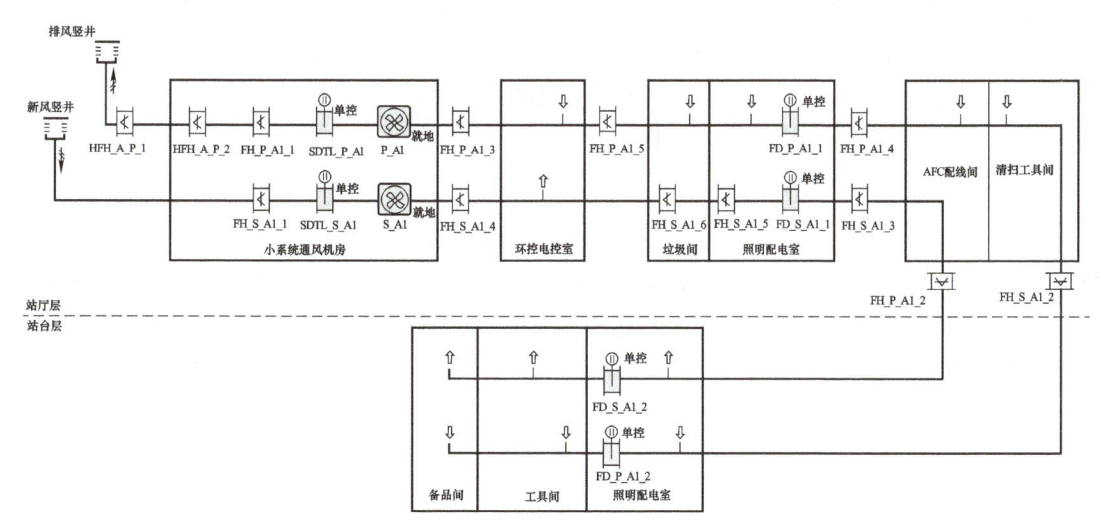

图 2-21　车站空调小系统示意图

空调小系统设备一般位于车站站厅层两端的环控机房和小系统通风机房内。根据车站管理及设备用房的功能要求不同，空调小系统分成空调、非空调、机械排风三种类型的若干个小系统。空调小系统配有空气处理机（组合式空调机）、新风机、回/排风机（兼排烟），通道或小管理用房设风机盘管；非空调小系统配置机房送/排风机；不甚重要的、面积较小的机房，仅设排风机或排气扇，即机械排风。

空调小系统有正常运行、火灾事故运行两种运行方式。

1. 正常运行

正常运行时，设有通风空调系统的车站管理及设备用房，其空调系统采用大系统正常运行情况下的小新风空调、全新风空调、全通风方式进行控制；对只设通风系统的车站管理及设备用房，全年按设定的通风模式进行控制。

车站小系统是除车站公共区外的所有设备及人员房间的通风空调系统。房间众多，分类复杂，系统形式也多样，此处仅介绍上海普遍采用的一种形式。

1）厕所、泵房系统

仅为排风系统，不排烟。由单速排风机及排风管道、风口组成，所排出气体宜直接排出地面。

2）环控机房（空调机房）、冷冻机房系统

机械进排风/排烟系统。设置一台送风机、一台排风机，需要排烟时，单独配置一台排烟风机（或由排风机兼做排烟风机），火灾时送风机作为补风机继续运行。

3）变电所系统

变电所设冷风降温系统，因变电所为气体灭火房间，故不排烟。采用双风机系统，设柜式空调机组送冷风，排风机排风，排风系统兼做气体灭火后的排气系统。

4）其余房间通风空调系统

采用双风机系统，设柜式空调机组送冷风，排风机排风。对有排烟要求的系统，排风机可兼做排烟风机，空调机组兼做补风机。如果排风机风量不满足排烟要求，需单独配置一台排烟风机。排烟时空调机组或送风机进行补风。

地下车站连续长度大于 60 m 的出入口通道应采取通风或降温措施，连接地下车站或物业开发的地下通道连续长度大于 50 m 时，应采取通风或其他降温措施。

最远点到地下车站公共区的直线距离超过 20 m 的内走道、连续长度大于 60 m 的地下通道和出入口通道，应设置机械防烟、排烟设施。

2. 火灾事故运行

当车站管理及设备用房发生火灾时，车站空调大系统全部停止运行，空调小系统转入设定的火灾模式运行，即根据空调小系统的既定模式立即排除烟气或隔断火源和烟气，如与着火区相邻通道设有排烟系统的立即进行排烟，对着火区所在车站端设有加压送风的疏散梯以及车站控制室立即进行加压送风。

2.5　环控风系统设备

典型环控风系统设备如图 2-22 所示。

2.5.1　风亭、风道和风井

在地铁的环控系统中，风亭和风井的作用十分重要。地铁通风风道包括风亭、风道和风井，严格来说水平段为风道，竖直段为风井，出地面部分为风亭。

1. 风亭

车站通风道在地面口部所设的有围护结构的建筑称为地面通风亭，简称地面风亭。风亭是连接地铁地下部分和地上部分的建筑，是活塞风井、新风井以及机械通风风井的地上部分。

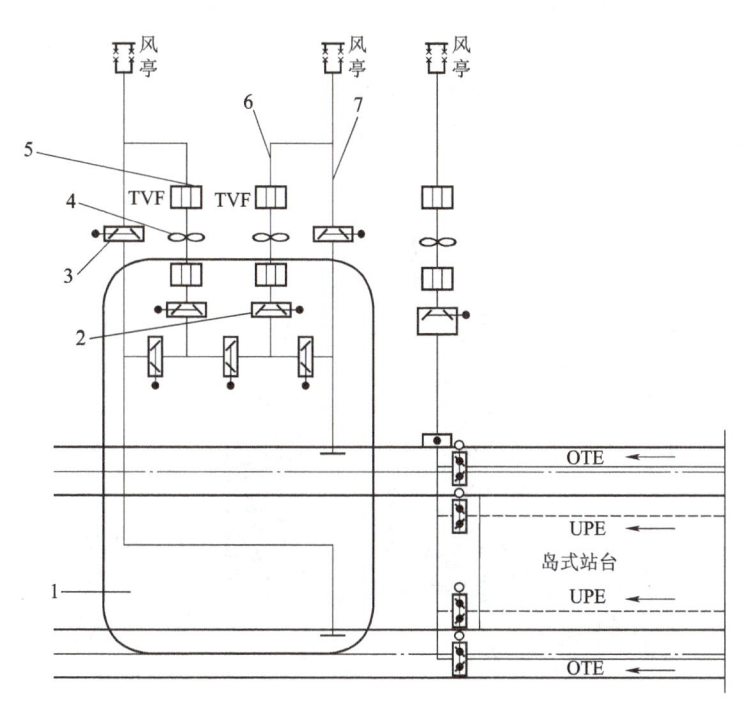

图 2-22　典型环控风系统设备
1—风室；2—联动风阀；3—活塞风阀；4—风机；5—消声器；6—机械风道；7—活塞风道

目前，国内在地铁的风亭设计方面，已由原来的单一的风亭合建形式逐步转化为多层次、形式多样的风亭，风亭地上部分也更加具有现代城市的风格和城市自身的个性。在风亭的常规做法出现诸多问题如噪声、异味、对地上环境的破坏和协调不当等问题以后，建筑设计方面也出现了多种多样的风亭，其中敞口矮风亭和地面风亭已经得到了广泛的应用。但是，新的事物并不能完全解决所有存在的问题，而且国内在采取什么样的风亭对站内的环境有利，以及在什么样的地上条件下采取什么样的风亭形式和设置方式等尚没有一个系统的研究。

风亭主要起换气作用，更换车站内的气体。风亭按使用功能的不同分为新风亭、排风亭和活塞风亭。风亭对环境的温度、噪声和景观有影响，噪声问题由风亭设置的消声器解决。

1）地面风亭的建筑形式和适用条件

风亭的主要功能是保证地铁隧道的通风，其设计思路和施工手段必须能够满足其功能的发挥。为防止雨雪、灰沙、地面杂物等被风吹入通风道内，并从安全方面考虑，地面通风亭一般均设有顶盖及围护墙体。墙上设门，供运送设备及工作人员使用。车站通风亭上部设通风口，风口外面可设或不设金属百叶窗。通风口距地面的高度一般不小于 2 m，特殊情况下通风口高度可酌情降低。位置低洼及临近水面的通风亭应考虑防水淹没设施，防止水倒灌至车站通风道内。

按照建筑形式来分，地铁地面通风亭大致可分为三种形式：

（1）独立布置的有盖风亭：作为独立布置的有顶盖建筑物，高度为 3~12 m，多采用钢筋混凝土框架结构，通过风亭侧墙出风，可包含一个或多个风口，占地面积较大，通风效果良好，不需要采取专门的防雨和防淹措施。若有盖风亭与地铁出入口临近时，应使出入口方向与风亭的排风口及活塞风口错开，或保持 5 m 以上的水平距离，以防止排出的气体经出入口重新进入车站内。但是有盖风亭造价较高，设计和建造时应尽可能使其外形与周围建筑风格保持协调一致。如图 2-23 所示，是上海地铁徐家汇站的地面风亭，造型颇为精美，不失为城市的一座艺术品。

图 2-23 典型有盖风亭

（2）独立布置的敞口风亭：风亭形式简洁，可分为敞口矮风亭和敞口高风亭。敞口矮风亭需满足防淹的最低高度要求，一般适用于地上空间较开阔，周围卫生条件良好，如有绿化的广场、公园以及较开阔的城乡结合部等地。敞口矮风亭如图 2-24 所示，顶部设格栅，下部设集水井，风亭周围绿化质量很高，卫生程度较好。敞口风亭初次投资低，但需要加设排水设施，如排污泵等，进行定期或雨季排污，需安排人员定期操作，运行费用会有所增加。敞口高风亭按照是否在风口上部加设盖板，又可分为敞口有盖高风亭和敞口无盖高风亭。敞口高风亭由于自身高度，对周围环境的影响较少，但造价较高，特别是敞口无盖高风亭除了要在运行期间定期清扫，还要注意定期排污等。如图 2-25 所示为广州地铁番禺站广场上的敞口无盖高风亭，广场上有足够的空间安置风亭，并可作为广场的一道建筑装饰。

图 2-24 敞口矮风亭　　　　　　　　图 2-25 敞口高风亭

（3）与建筑物合建的风亭：合建风亭如图 2-26 所示，将风亭作为建筑物的一部分，与既有建筑、同步建设的建筑或待建建筑合建。这种方式的优点是能够解决车站附近用地紧张的问题，对已有周围建筑的布局影响较小。但是，合建风亭的通风效果受合建建筑的约束而有一定程度的影响，且对建筑周围局部范围内的空气品质影响较大。这种风亭主要适用于地上建筑物较密集、没有条件设立独立风亭的情况，如城市繁华地段及人流密集的商业区等。由于地铁的很大一部分都建在繁华市区，地上的建筑已形成多年，合建风亭也就成了一种比较多用的风亭形式。

图 2-26　与建筑物合建的风亭

在地铁线路交汇的换乘站/枢纽站，风亭数量比较多，在其进、排风口附近易造成强烈的气流涡旋。如果风亭位置设置不当，不仅会严重影响到城市的地面环境，而且还可能致使新风及污浊空气掺混，导致隧道及车站通风效果的恶化。以往地铁工程设计之初往往只注重其外观与地面建筑及城市规划协调，而忽视了与环控系统设计的配合，给实际工程带来高能耗、通风效果及舒适性差等问题。如何使地铁环控系统既能使地面风亭的位置不对周边环境产生不良影响，又能保证地铁隧道内通风畅通、车站空调的舒适及良好的空气品质，是地铁在实际使用中面临的重要课题。而且这一问题又与工程当地的实际条件、线路特点以及环控系统方案不可分割。其截面尺寸和形式对风亭作用的发挥有很大的影响，在一定程度上决定了风亭出口的空气压力、平均断面速度，从而影响地下隧道内热量的排出及其在周围环境中的迅速散失。

2）地铁风亭的设置原则

地铁风亭作为城市景观的构成部分，可成为城市文化的载体。应根据车站的位置、地上现有建筑物的状况，综合考虑地上未来建筑及道路的规划等来确定风亭的设置位置，尽量避免过长的风井，以免影响通风效果。采取与地上既有建筑合建的方案时，应尽量以最小的代价对已有建筑进行改造，避免破坏建筑的主体结构，寻找安置风亭的最佳部位以达到最佳的通风效果；采用与未来规划建筑合建的方案时，应考虑未来建筑的形状、风格和功能来确定风亭的开口方向、尺寸，以减小对周围环境的影响。

地面通风亭的大小主要根据风量及风口数量决定，同时还要考虑运送设备的方便。地面通风亭位置应选在地势较高、平坦且通风良好无污染的地方。城市道路旁边的地面风亭，一般应设在建筑红线以内。地面通风亭与周围建筑物的距离应符合防火间距的规定，其间距不应小于 5 m。

一般根据地面可获得的空间状况不同，各风亭可以分设也可以合建，但活塞风亭连接的风井长度以小于 40 m 为宜，一般地面新风亭应设在空气洁净的地方，新风亭风口距地面 2 m 以上，绿化带内可降低 1 m，以防止灰尘进入地铁车站，新、排风亭合建时，排风口应比新风口高出 5 m，或风口错开方向设置，且新、排风口最小间距应大于 5 m，新风亭建在下方，其他风亭建在上方，各风亭口间距应不小于 5 m，以避免风亭间相互串风，确保车站和区间的空气品质。

2. 风井

风井是连接地铁车站和风亭的通道。风井的作用大致有三个方面，第一是能够充分排出地铁系统运行当中所产生的热量，使设备的预期寿命不会因为温度过高老化而下降；第二是当发生火灾等意外情况时，能够尽快排出地下产生的烟气，并为乘客和消防人员提供必要的新鲜空气；第三是风井的设置是为创造舒适和安全的地下环境服务的。

3. 风道

风道包括活塞风道和机械风道（经风机），活塞风道长度一般小于或等于 40 m，净面积大于或等于 20 m^2。风道应尽量顺直，活塞风道直角弯头不超过 3 个，机械风道应避免迂回。

有连通关系的风道在连通点处应相邻布置；前后均有连通的风道（同一条隧道的活塞风道与机械风道）应相邻平行布置，可水平、竖直或上下重叠布置。通风道和风井的风速不宜大于 8 m/s，站台下排风风道和列车顶部排风风道的风速不宜大于 15 m/s，风亭格栅的迎面风速不宜大于 4 m/s。

2.5.2　空气处理设备

空气处理设备用于对房间空调送风进行冷却、加热、减湿以及空气净化等处理，常见的有风机盘管和组合式空调机组等。

1. 风机盘管

风机盘管是空调工程中广泛应用的空气处理设备，也常被称为空调末端装置。这里用于车站的出入口长通道、管理用房及设备用房，为地铁通风空调工程空调末端设备。风机盘管根据安装形式可分为卧式暗装、卧式明装、立式暗装、立式明装等几种基本形式，分别如图 2-27～图 2-30 所示；根据送风压力可分为普通型和高静压型。

图 2-27　卧式暗装式风机盘管　　　　图 2-28　卧式明装式风机盘管

图 2-29　立式暗装式风机盘管 　　　　　图 2-30　立式明装式风机盘管

1) 风机盘管的组成

风机盘管主要由盘管（管翅式换热器）和风机组成，并由此得名。风机盘管所用管翅式换热器主要采用的是铜管套铝翅片形式，这种管翅式换热器的特点是由于在家用空调、中央空调乃至汽车空调中普遍应用，所以不受产销量的限制，成本可控，加工方便，既可小批次生产，又可大批量生产。同时由于其可靠性高及抗腐蚀能力强，因而在空调的风机盘管中得到普遍应用，如图 2-31 所示。

当前风机盘管中大量采用的是 ϕ9.52 mm 的光面铜管。近年来，为降低换热器的质量和铜材耗量，ϕ7 mm 铜管铝翅片式应用冷凝器上。当前管翅式换热器使用的铝箔通常有两种：素铝和涂层铝。根据应用场合不同，涂层铝可分别选用不同性能的涂层，如亲水性、润滑性、耐酸性、防腐性等。为降低管翅式换热器翅片表面依附的冷凝水水量，防止翅片间冷凝水形成水桥，从而增大管翅式换热器的风阻，影响换热效果，可采用亲水膜涂层铝箔；当管翅式换热器需冷热交替使用时，即夏季通冷水、冬季通热水应用时，素铝翅片容易氧化腐蚀，易吹出"白屑"，可采用亲水膜涂层铝箔替代使用。另外在沿海地区，空气中含盐分较大，为了提高管翅式换热器的防腐性，往往也采用亲水涂层铝箔。

对铝翅片表面采用亲水或憎水涂层处理，可有效地减少凝结水形成的水滴、水桥、水膜对换热性能的影响。相关实验表明，进行亲水处理过的翅片，空气阻力可减少 40%～50%、风量可增大 4%～10%、换热量可增大 4%～10%。因而这两种翅片表面处理方法已广泛应用于空调、制冷设备中。

风机盘管的电动机形式通常为单相 PSC 电动机，即电容启动、电容运转式电动机，如图 2-32 所示。PSC 电动机通常配置滚珠轴承，无须加油，自行润滑，噪声低，寿命长。电动机中心轴均经调质和表面防腐蚀处理，经久耐用。通常在轴的两端各安装一个风机。单相电容运转电动机的运行技术指标较之其他形式运转的电动机要好。但起动转矩较低，适用于风机盘管。

图 2-31　管翅式换热器 　　　　　图 2-32　PSC 电动机

2）选用原则

城市轨道交通工程中柜式风机盘管一般用于设备用房区域的空调小系统中，在选购时应考虑日后维护的需要，其结构宜采用框架模数复合结构形式，机组壁板在内部风机、电动机检修维护时可灵活拆卸，复位方便。

（1）风机应采用耗电省、噪声低、调速范围宽，且满足高、中、低三挡转速稳定运行的双吸低转速前向多翼宽叶轮风机。风机叶轮、轴需在制造厂内进行静平衡和动平衡试验。

（2）电动机应满足高、中、低三挡转速稳定运行，采用低噪声三速电容式电机。

（3）冷却盘管回路应设计为逆交叉流，冷冻水进出水管应设于同侧。表冷器管材应采用紫铜管，其铜管管径和壁厚的选择应满足整机的热工性能及耐压要求。盘管设计工作压力为 1.0 MPa，盘管的耐压性能与气密性能试验中，水压试验压力应为工作压力的 1.5 倍，气压试验压力应为工作压力的 1.2 倍。表冷器盘管排数应大于或等于 3 排。凝水盘和保温材料一次成型，表面无二次结露，有合理的导水槽设计，能确保排水顺畅，无滴漏。机组外壳采用优质镀锌板。

3）工作原理

风机将室内空气（或与新风混合）通过表冷器进行冷却或加热后送入室内，使室内气温降低或升高，以满足人们的舒适性要求。盘管内的冷（热）媒水由机器房集中供给。

风机盘管安装示意图如图 2-33 所示，盘管使用集中冷源供应的冷水，需要安装冷冻水进水管、出水管、铜闸阀、金属软接头、塑料软管和冷凝水出水管，以及相应的风管。风机盘管控制多采用就地控制的方案，分简单控制和温度控制两种。简单控制是使用三速开关直接手动控制风机的三速转换与启停。温度控制是 STC 系列温控器根据设定温度与实际检测温度的比较、运算，自动控制电动两/三通阀的开闭、风机的三速转换，或直接控制风机的三速转换与启停，从而通过控制系统水流或风量达到恒温的目的。

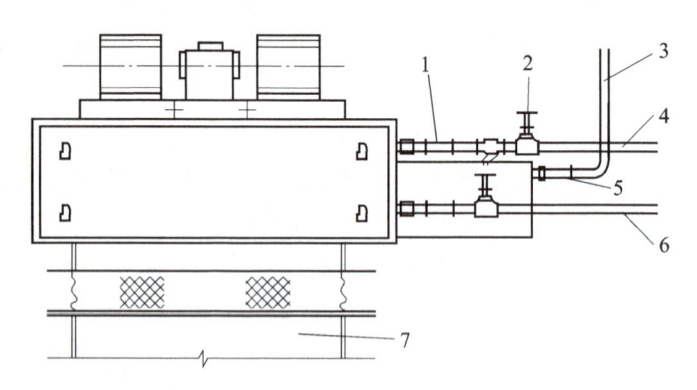

图 2-33 风机盘管安装示意图

1—金属软接头；2—铜闸阀；3—冷凝水出水管；4—冷冻水进水管；5—塑料软管；6—冷冻水出水管；7—风管

负压风机盘管作为集中空调的末端设备，其质量的好坏决定了室内的空调效果。性能主要是送冷（热）量、送风量的保障，噪声的数值比，冷凝水不泄漏及电器、钣金件设计的合理性等等。

风机盘管供、回水温差一定，供水温度升高时，制冷量随之减少。据统计，供水温度升高 1 ℃时，制冷量减少 10% 左右，供水温度越高，减幅越大，除湿能力下降。供水条件一定,风机盘管风量改变时,制冷量和空气处理焓差随之变化,一般是制冷量减少,焓差增大,单位制冷量风机耗电变化不大。风机盘管进、出水温差增大时,水量减少,换热盘管的传热系数随之减小。另外,传热温差也发生了变化,因此,风机盘管的制冷量随供回水温差的增大而减少,据统计,当供水温度为7 ℃,供、回水温差从5 ℃提高到7 ℃时,制冷量可减少17%左右。

风机热环境条件是指物理参数对人体的热舒适性所发生的综合作用。这些物理参数中主要包括空气干球温度、空气的相对湿度、空气流动速度、平均辐射温度、人体的代谢量及衣着六项。其中,空气的温度及流动速度是评价风机盘管所提供的热环境舒适条件的重要参数。风机盘管通常直接安装在空调房间内,其供职状态和供职质量将影响到室内的噪声水平和空气质量。因此必须做好空气过滤网、滴水盘、盘管、风机等主要部件的日常维护保养供职,保证风机盘管正常发挥作用,不产生负面影响。盘管担负着将冷热水的冷热量传递给通过风机盘管的空气的重要使命。为了保证高效率传热,要求盘管的表面必须尽量保持光洁。但是,由于风机盘管一般配备的均为粗效过滤器,孔眼比较大,在刚开始使用时,难免有粉尘穿过过滤器而附着在盘管的管道或肋片表面。如果不及时清洁,就会使盘管中冷热水与盘管外流过的空气之间的热交换量减少,使盘管的换热效能不能充分发挥出来。如果附着的粉尘很多,甚至将肋片间的部分空气通道都堵塞的话,则同时还会减少风机盘管的送风量,使其空调性能进一步降低。

小贴士:风机清洁方式可参照空气过滤器的清洁方式进行,但清洁周期可以长一些,一般一年清洁一次。如果是季节性使用的空调,则在空调使用季节结束后清洁一次。不到万不得已,不采用整体从安装部位拆卸下来清洁的方式,以减少清洁供职量和拆装供职造成的影响。

2. 组合式空调机组

地铁通风空调工程中,组合式空调机组外形如图2-34所示,是用于车站公共区的空气处理设备。它由箱体、进风段、粗效过滤段、表冷挡水段、风机段(含检修门)、消声段、送风段和若干个中间段组成,如图2-35所示,用以完成工艺所要求的空气处理过程。

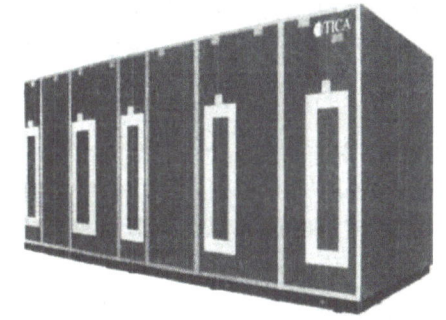

图2-34 组合式空调机组外形

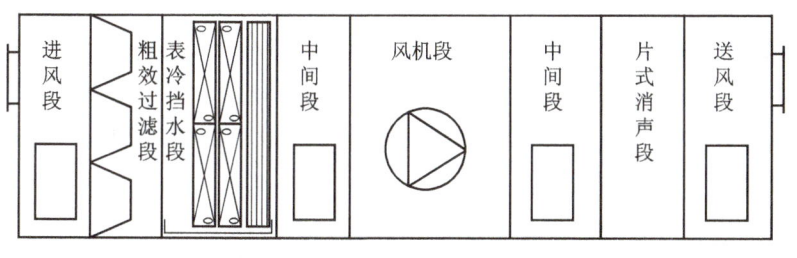

图2-35 组合式空调机功能段排列示意图

资源2-4 组合式空调机组组成及原理

地铁通风空调工程空气处理机的工作原理是通过机组表冷、过滤、消声、风机等若干功能段的组合，为外界提供冷源，实现对空气进行冷却、过滤、消声、输送等处理过程。

1）箱体要求

箱体框架采用铝合金材料，具有足够的强度，整体结构应设计成便于拆装，采用满足密封要求的连接方式，机组漏风率≤1%。箱体面板应美观大方，面板材料宜为彩钢板。箱体双层面板（含中间保温层）厚度应≥50 mm。机组箱体应有足够的机械强度。机组在最大静压下，面板和框架应能承受持久的扭曲而不产生永久变形；底层面板应满足检修安装要求。箱体应有足够的防"冷桥"措施。

2）进风段

进风段包括新风和回风混合，应设有新风口及回风口，通过新、回风口的风速应控制在小于 8 m/s，同时该段应设有一检修门。

3）粗效过滤段

粗效过滤器应采用板式铝合金框架粗效过滤器，过滤器材料应为非燃或阻燃型。过滤效率应符合国家标准的要求，达到 G4 级，对于≥5 μm 粒径的大气尘径限的计数效率应在 50%~90% 内。在设计风量下，通过过滤器的进风断面风速应不超过过滤器设计的风速，过滤段的进风断面风速均匀度应大于 80%。过滤器前后应设检修门，以方便过滤器的检修、更换，检修门的设置位置可在本段内或前后其他功能段上。过滤器前后应设置压差报警装置。

小贴士：断面风速均匀度是指断面上任一点的风速与平均风速之差的绝对值不超过平均风速 20% 的点数占总测点数的百分比。

4）表冷挡水段

表冷挡水段主要包括表冷器和凝水盘。表冷器管材应采用紫铜管，凝水盘尺寸要足够大，以使凝结水能顺利排走，无溢出。表冷器的盘管设计工作压力为 1.0 MPa，盘管的耐压性能及气密性能试验应按设计要求的标准进行，但不应低于下列要求：水压试验压力为工作压力的 1.5 倍，保压时气压试验压力应为工作压力的 1.2 倍，保压时间≥1 min，无泄漏。

5）风机段

风机段内离心通风机的进口空气动力性能设计应保证组合式空调器的有关性能。当组合式空调器风机有变频要求时，应采用变频电动机，频率变化范围为 20~50 Hz。风机应采用高效率、高强度的叶轮结构，电动机轴承采用高品质轴承。其叶轮和轴需在制造厂内进行静平衡和动平衡试验，并提供试验报告。风机轴承应便于调整、维护，应有方便添加润滑油的装置。电动机应为全封闭鼠笼式耐湿热型的标准产品，绝缘等级为 H 级，防护等级为 IP55，电源电压为 380 V/50 Hz，电动机转速不应超过 1 450 r/min。电动机应便于安装、调整、维护。电动机应能满足在温度≤45 ℃、相对湿度≤100% 的环境中存储和连续运行。风机采用皮带传动方式，应配减振器。风机段应设一检修门，便于电动机的拆除、运输及更换。风机段内应考虑风机轴的拆卸及更换。

6）消声段

消声段也叫片式消声段，根据整机噪声限值要求设置片式消声器，消声器面板在穿孔后应进行防腐处理，面板与消声棉之间的滤布要求具有憎水性。消声器的结构形式应便于拆装，且消声器前后应设有检修门以便清灰。

2.5.3 风机类设备

地铁通风空调工程的风机包括隧道风机、射流风机、推力风机、大小系统送风风机、排风风机、排烟风机。目前城市轨道交通中风机的形式常见的有三种：贯流风机、离心风机和轴流风机。

贯流风机仅用于某些风机盘管、进出站口小型风幕机上。

离心风机可用于低压或高压送风系统，特别适用于要求低噪声和高风压的系统，如组合式空调机组内。

轴流风机的特点是占地面积小、结构简单（由机壳、叶轮、静叶支撑、整流罩、电动机、电源接线盒等组成）、便于维修、风压较低、噪声较高、风量大、效率较高且接管方便，正好符合地下工程通风空调系统的特点。一般车站站厅层、站台层公共区用的回/排风机和区间隧道用的 TVF（兼容排烟功能）均属此类，其他还有一些小型的轴流风机，如在城市轨道交通设备管理用房小系统中采用的送/排风机，均采用轴流风机（含混流风机）。城市轨道交通轴流风机大部分均为双工况运行，并且需具有耐高温性能（一般采用内置式耐高温电动机）。隧道风机还需具有可逆转性能和双机并联、四机串并运作功能等。

轴流风机的工作原理是当叶轮在电动机带动旋转时，空气从风机进风口轴向吸入，叶轮上叶片的旋转推力对空气做功，使得空气能量增加并沿风机轴向流动排出。

地铁一般采用专用地铁轴流风机，它是地铁车站和隧道区间内通风的主要设备，具有大风量、高风压、高效率、可逆转、切换时间短、抗腐蚀性强、运行可靠、耐高温、防喘振、安装方便、运行平稳等特点，并应有由国家权威部门出具的风机（隧道风机、射流风机、推力风机、排烟风机）型式实验报告和耐高温检测合格报告。

1. 隧道风机

隧道风机为轴流风机，设于车站两端的设备房、区间通风机房内，用于区间隧道和站台隧道通风、防排烟，外形如图 2-36 所示。隧道风机主要由叶片、电动机、风机机壳、轮毂、轴、轴承、电动机支撑板等组成。

隧道风机又分为可逆转耐高温轴流风机（简称 TVF 风机）、单向运转耐高温变频轴流风机。可逆转耐高温变频轴流风机包括排热/隧道风机［简称 UO/TVF（B）风机］；单向运转耐高温变频轴流风机包括排热风机［简称 UOF（B）风机］、回/排风机［简称 HPF（B）风机］。

工作状态点 TV 指风机用于隧道通风工况；UO 指风机用于车站车行区排热工况。单台风机若既有 TV 工作状态点，又有 UO 工作状态点，则表明该风机为变频兼用风机，即 UO/TVF 风机。风机型号后面的字母"（B）"表示该风机在正常工况下采用变频运转的方式、在火灾或其他事故工况下采用工频运转的方式。

（1）风机的材质要求为优质钢板，风筒厚

图 2-36 隧道风机的外形

度≥5 mm，底座厚度≥6 mm，风筒与法兰整体翻边并热镀锌处理，锌层厚度叶片采用铝合金压铸成机翼型，无裂痕、无气泡；轮毂材质采用铝合金；外壳要求无裂痕、无锈蚀。由于风机设备均在地下湿热环境下工作，风机紧固件应进行镀锌或镀铬处理，风机紧固件、电动机支架、静叶、防喘振装置等应进行耐腐蚀处理。

（2）隧道风机叶片的翼型断面设计应保证整机正反转具有基本相等的性能（正反风的性能偏差不应大于1.5%）。

（3）风机的基本参数应符合《通风机基本型式、尺寸参数及性能曲线》（GB/T 3235—2008）的有关规定，当区间隧道风机的电动机转速<1 000 r/min 时，工作点应远离喘振区，其按圆面积计算的全压效率应≥78%，风机静压比应≥73%。站台隧道风机在正常工况下的工作点范围在考虑有背压从+50 Pa 变化到-140 Pa 时仍在高效区内且远离喘振区，其按圆面积计算的全压效率应≥82%，风机的最高全压效率应≥84%，风机静压比应≥70%。

（4）采用变频调速风机机组所配电动机、风机产生的影响应采取相应的弥补措施，以确保设备的使用寿命和达到设计要求的参数。每台变频风机均应列出采用变频调速后能调到的不产生喘振的最小风量值。

（5）在额定转速下的工作区域内，风机的实测空气动力性能曲线与提供的性能曲线偏差应满足以下要求：

① 在规定的风机全压或静压下，所对应的流量偏差≤±5%；或在规定的流量下，所对应的风机全压或静压差≤±5%。

② 在接近最高效率点处，工况点实际效率与给定效率的偏差≤3%；在大于或等于75%等效率区内≤5%。

③ 风机的噪声需符合国家有关规范的要求。

（6）区间隧道风机应在启动电流的情况下，14 s 内启动到额定转速；在 50 s 内能完成从正转到反转的切换。站台隧道风机要求在 10 s 内启动到额定转速，非正常工况下满足在 6.3 s 内背压从+150 Pa 变化到-250 Pa 时仍可继续正常运行。

（7）区间隧道排风机需保证排除 150 ℃烟气时能维持正常的体积流量不变，应满足保证 150 ℃时能连续有效工作 1 h；站台隧道排风机保证排除 250 ℃烟气时能维持正常的体积流量不变，应满足保证在 250 ℃时能连续有效工作 1 h。

（8）风机是变频风机时，应提供变频风机的跳频点，以避免风机叶片通频与风机叶片固有频率的整数倍关系。

（9）风机的设计使用年限应不少于 20 年，风机第一次大修前的安全运转时间应不少于 30 000 h。

（10）风机电源接线盒和轴承加油孔应设于风机机壳便于操作处。

（11）风机需配置内置式轴温温度感应器，将轴温温度变化传输给环境和设备监控系统（BAS），应及时发现风机运行中的问题。

（12）风机的振动值应≤1.8 mm。

2. 射流风机

射流风机是一种特殊的双向（正反转）轴流风机，其前后端均自带消声风筒，悬挂在隧道顶部或两侧，外形如图 2-37 所示。运行时，将隧道一部分空气从风机一端吸入，经叶轮加速后，由风机的另一端高速射出，使隧道内空气向设定方向流动，用于调节区间内某一段的压力、通风量并辅助排烟。

典型射流风机的结构如图 2-38 所示，主要由集流器、消声筒、电动机、风机机壳、轮毂、轴、轴承、电机支撑板等部件组成。

图 2-37 射流风机的外形

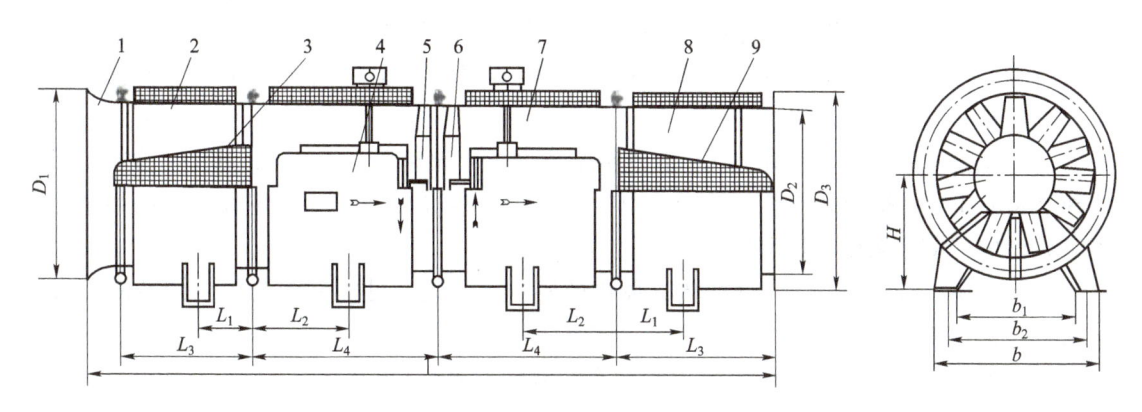

图 2-38 典型射流风机的结构
1—集流器；2—进气消声筒；3——级主机；4—电动机；5——级叶轮；
6—二级叶轮；7—二级主机；8—出气消声筒；9—三级主机

射流风机排烟时，要保证在 250 ℃时能连续有效工作 1 h，风机的振动值≤1.8 mm。射流风机在有条件的工程中，可安装远距离振动检测装置。

3. 推力风机

推力风机（IMF 风机）为双向（正反转）轴流风机，设于区间机房内，用于加强某一段隧道内通风。根据需要设置送风方向与隧道轴线不大于 30°的喷嘴装置。推力风机在火灾或阻塞时加强局部区间隧道通风，根据系统设计不同运行模式要求风机正转或反转，通过现场制作的喷嘴将空气高速射入需加强通风的区间隧道，推动隧道内的空气向设定方向流动。推力风机的前后端均带消声风筒。

风机的基本参数应符合《通风机基本型式、尺寸参数及性能曲线》GB/T 3235—2008 的有关规定，在正常工况下的工作点范围在考虑有背压从+50 Pa 变化到-140 Pa 时仍在高效区内且远离喘振区，其按圆面积计算的全压效率应≥82%，风机的最高全压效率应≥84%，风机静压比应≥70%。

小贴士：推力风机排烟时，应满足保证在 250 ℃时能连续有效工作 1 h，风机的振动值应≤1.8 mm。

4. 风机应用

车站大系统风机包括车站大系统的新风机、回/排风机，均为轴流风机，设于车站两端机房或设备层内，用于车站公共区通风空调。

车站小系统风机包括车站小系统的送排风机、回/排风机，均为轴流风机，设于车站两端机房或设备层内，用于车站管理用房及设备用房区域通风空调。

防排烟系统风机包括排烟风机，为轴流风机，设于车站两端机房或设备层内，用于车站共公区、车站管理用房及设备用房区域等的排烟。

大、小系统风机，排烟系统风机主要由叶片、电动机、风机机壳、轮毂、轴、轴承、电机支撑板等组成。

（1）风机材质要求：风筒厚度为 3 mm、底座厚度为 4 mm，风筒与法兰整体翻边并热镀锌处理，叶片压铸成机翼型，材质应为高强度铝合金，无裂痕、无气泡。轮毂材质应为铝合金。当风机风筒、底座厚度为 1.5~2.5 mm 时，镀锌钢板咬边滚压，叶片形状为圆弧形。风机外壳均要求无裂痕、无锈蚀。

（2）风机的工作点应在高效区内且远离喘振区，叶轮直径在 630 mm 以上（含630 mm）的轴流风机其全面积全压效率应≥78%，风机静压比应≥70%，其余小型风机全面积全压效率应≥63%，风机静压比应≥50%。

（3）在额定转速下的工作区域内，风机的实测空气动力性能曲线与提供的性能曲线偏差应满足以下要求：

① 在规定的风机全压或静压下，所对应的流量偏差≤±5%；或在规定的流量下，所对应的风机全压或静压差≤±5%。

② 风机全压效率不得低于其对应点效率的3%；或风机静压效率不得低于其对应点效率的 2%。

③ 风机的噪声应符合国家标准。

（4）排烟风机应在 10 s 内启动到额定转速，在排除 280 ℃ 烟气时保证维持正常的体积流量不变；排烟风机要求在 280 ℃ 高温下能持续运行半小时。

（5）风机的振动值应≤1.8 mm。

（6）风机的设计使用年限应不少于 15 年，风机第一次大修前的安全运转时间应不少于 18 000 h。

（7）风机电源接线盒和轴承加油孔应设于机壳便于操作处。由于风机设备均在地下湿热环境下工作，因此风机紧固件应进行镀锌或镀铬处理。

2.5.4 风阀类设备

城市轨道交通工程由于内部空间狭小，层高有限，因此在设计与布置空调及通风管路时相对较难，很多风道不得不采用建筑风道，另外在设备用房小系统中排风、回风、排烟等管路存在复用的形式，运行模式的转换通过风阀来进行。造成城市轨道交通工程中车站内使用了大量的风阀，它也是环控通风系统中的重要设备。

1. 风阀的分类

地铁通风空调工程使用的风阀包括调节阀和防火阀。调节阀又包括单体风阀和组合风阀，它是通过电动、手动调节风阀叶片的开启角度和开、闭调节风量；防火阀又包括防火阀（70 ℃）、防火阀（280 ℃）和排烟防火阀等，它是通过温度熔断器自动或手动、电动关闭风阀叶片，隔离防火区。由于地铁通风空调工程的特殊性，风阀要求可靠性、耐用性、安全性高。

1) 调节阀

(1) 单体风阀：单体风阀主要由阀体、叶片、传动机构、执行器等若干部分组成，用于车站大、小系统相对截面不大的风道或风管上调节送风或排风量，控制方式为手动和电动。

(2) 组合风阀：组合风阀主要是电动组合风阀，它是组织城市轨道交通通风空调系统各种模式运行的主要部件，承担着不同模式下系统风量的分配，通过控制不同位置上风阀的开关状态改变气流路径，实现系统功能（排风、排烟、送风）的切换。

电动组合风阀用于大系统及区间隧道通风系统，主要由槽钢底框架、模式化的多个单体多叶风阀、连杆传动机构、角行程电动执行器等部件采用标准紧固件连接组装而成，电动组合风阀的结构如图 2-39 所示。其电动执行机构应具有远距离电动控制和现场手动控制功能、机械和电气两种限位装置、延时报警功能，并应设置接线盒。电动执行器与风阀转轴的连接方式应设有有效的防止打滑措施。

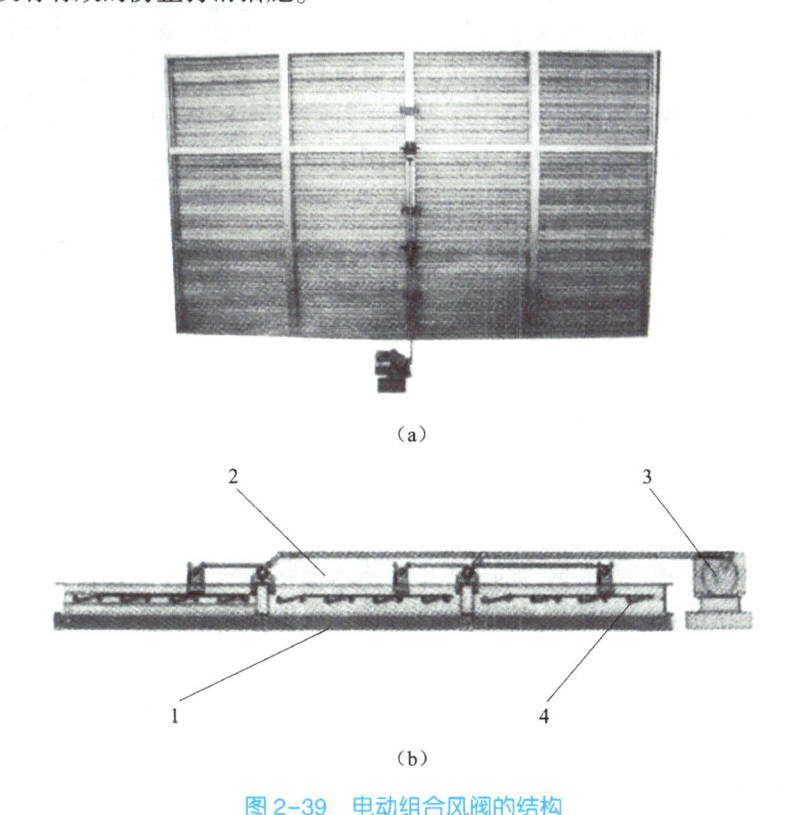

图 2-39 电动组合风阀的结构
(a) 外形；(b) 组成
1—槽钢底框；2—传动机构；3—电动执行器；4—单体风阀

电动组合风阀具有结构坚固、设计合理、机械控制精度高、泄流量低、运转灵活等特点，同时应能耐受车站、区间隧道风机及列车周期性活塞风脉动风压的冲击，从而确保城市轨道交通通风空调系统的正常运行。

2）防火阀

防火阀主要由阀体、叶片、温度熔断器、传动机构、执行器等若干部分组成。

（1）防火阀（70 ℃）：正常运行时阀体呈开启状态，发生火灾时管道内气体温度达到70 ℃时熔断关闭，手动关闭，手动复位，输出开、关电信号类防火阀，并在一定的时间内能满足耐火稳定性及耐火完整性，起隔烟阻火的作用。设置在大、小系统送/回（不兼排烟）风管、排（不兼排烟）风管穿越公共区与设备区防火隔墙处、楼板处、通风空调机房隔墙处、变形缝处，小系统送/回（不兼排烟）管、排（不兼排烟）风管穿过非气体保护房间的各种配电房、控制室隔墙处。

（2）防火阀（280 ℃）：正常运行时阀体呈开启状态，发生火灾时管道内气体温度达到280 ℃时熔断关闭，手动关闭，手动复位，输出开、关电信号类防火阀，并在一定的时间内能满足耐火稳定性及耐火完整性，起隔烟阻火的作用。设置在大、小系统排烟风管穿越公共区与设备区防火隔墙处、楼板处、通风空调机房隔墙处、变形缝处，小系统排烟风管穿过非气体保护房间的各种配电房、控制室隔墙处。站内隧道通风系统末端管路接入排热风室隔墙处。

（3）排烟防火阀（70 ℃）：状态为常开，温度达到70 ℃熔断关闭，手动关闭，24 V 电信号关闭，手动复位，输出开、关电信号类防火阀，服务于气体保护房间的小系统风管穿过该房间的隔墙处。排烟防火阀如图 2-40 所示。

图 2-40　排烟防火阀

2. 防火阀、排烟防火阀设置的一般原则

按照地铁设计规范并结合相关消防规范规定，防火阀、排烟防火阀设置的一般原则为：

（1）在下列情况之一的通风、空调系统的风管应设置防火阀：管道穿越防火分区的隔墙处；管道穿越通风、空气调节机房及重要的或火灾危险性大的房间隔墙和楼板处；垂直风管与每层水平风管交接处的水平管段；管道穿越变形缝的两侧。

上述部位的防火阀，当火灾中管道内气体的温度达到 70 ℃时，则自动关闭。

（2）排烟系统的分隔：在排烟机房的入口处，设置当烟气温度超过 280 ℃时能自动关闭的排烟防火阀。排烟机应保证在 280 ℃时能连续工作 30 min；在排烟支管上设置当烟气温度超过 280 ℃时能自行关闭的排烟防火阀。

城市轨道交通车站设备管理用房小系统，不同于一般民用建筑的要求，存在着大量风阀参与不同的灾害模式并反馈、连锁不同的排烟设备。因此风阀的选型显得尤为重要，选择不好不仅会影响到环控系统自身功能的发挥，也会影响 BAS 和 FAS 的设计、施工安装及软件编程。某一地下车站常用的一些单体风阀种类划分及功能和动作要求见表 2-1。

表 2-1　地下车站常用的一些单体风阀种类划分及功能和动作要求

序号	名称	功能和动作要求
1	电动风量调节阀（可调、耐高温）	AC220 V 电源；耐温 280 ℃，30 min；开关的全行程工作时间为 90~120 s；配控制箱，具有开度 0%~100% 连续调节功能
2	电动风量调节阀（可调）	AC220 V 电源；开关的全行程工作时间为 90~120 s；配控制箱，具有开度 0%~100% 连续调节功能
3	电动风量调节阀（耐高温）	AC220 V 电源；耐温 280 ℃，30 min；开关的全行程工作时间为 90~120 s；配控制箱，控制风阀开、关
4	电动风量调节阀	AC220 V 电源；开关的全行程工作时间为 90~120 s；配控制箱，控制风阀开、关
5	防烟防火阀	常开；70 ℃ 熔断关闭；手动复位；可输出信号；关闭的全行程工作时间小于 30 s
6	排烟防火阀	常开；280 ℃ 熔断关闭；手动复位；可输出信号；关闭的全行程工作时间小于 30 s
7	电动防烟防火阀	DC24 V 电源；常开；电动关，70 ℃ 熔断关闭；电动复位；可输出信号；关闭的全行程工作时间小于 30 s
8	电动排烟防火阀	DC24 V 电源；常开；电动关，280 ℃ 熔断关闭；电动复位，可输出信号；关闭的全行程工作时间小于 30 s
9	电动排烟口	DC24 V 电源；常闭；电动开，电动复位；可输出信号；远动控制；开启时间小于 30 s；多叶型
10	电动风口	DC24 V 电源；常开；电动关，电动复位；可输出信号；远动控制；关闭的全行程工作时间小于 30 s；多叶型

3. 风阀的基本要求

正常环境温度为 0~45 ℃，相对湿度≤98%。隧道通风系统的风量调节阀一般安装在楼板的预留孔洞或土建墙体上；其他通风空调系统的风量调节阀、防火阀安装在风管、楼板的预留孔洞或土建墙体上。

区间隧道通风系统的风阀：150 ℃ 烟气，能连续有效运行 1 h。站内隧道通风系统和车站防排烟系统的风量调节阀：250 ℃ 烟气，能连续有效运行 1 h；区间、站台风阀的耐火极限能力应大于 3 h。

无耐高温要求的单体风阀在使用寿命期内 0~55 ℃ 下长期连续有效运行；有耐高温要求的单体阀风阀在使用寿命期内 0~55 ℃ 下长期连续有效运行，且能耐高温，其电动执行机构、密封件和润滑油脂应能在 250 ℃ 的高温条件下，在不少于 1 h 的时间内可连续有效工作。

仓储条件：环境温度为 0~45 ℃，相对湿度≤98%。

控制电源：组合风阀、联动组合风阀、单体风阀及联动单体风阀的电压为（220±10%）V，频率为（50±1%）Hz；排烟防火阀的电压为 DC(24±10%) V，动作电流不大于 0.5 A。

1）一般技术要求

（1）风阀应是结构紧固、动作灵敏、性能可靠，可满足不同送风面积、不同风压和环境温湿要求的先进、可靠的成熟产品。发生火灾时，框架（外壳）叶片应能防止变形失效，其板材厚度应不小于2 mm，转动件应采用黄铜、青铜、不锈钢及镀锌铁件等耐腐蚀的金属材料制成，使用寿命应不少于10年。

（2）阀门叶片全开时应垂直于流通截面，全闭时应平行于流通截面。

（3）阀门宽、高的公差应满足国家标准要求；其整台装成后，各面的两对角线长度之差应满足国家标准要求。

（4）阀门应能满足不同安装条件的需要，可立式或水平安装，可适应墙体或风管安装。

（5）阀门所采用的钢板、型材应符合有关标准规定，阀门的表面要进行表面防锈和防腐处理。

（6）阀门的关闭可靠性、耐盐雾腐蚀性、耐火性能等应按GB/T 15930—2007和GB/T 15931—1995标准进行试验，并有权威单位提供的试验报告。

（7）防火防烟/排烟阀的温感器（如易熔件）应为消防部门认可的标准产品，熔点温度应符合设计规定。内置易熔件的阀门，易熔件应设置在便于更换的检查口。

（8）电动排烟防火阀执行器应进行开、关转矩电动控制性能和温感器控制性能试验，并有权威单位提供的试验报告。

（9）除转动轴承、密封条及转动部分可能在正常寿命期间更换外，其余材料和部件、手动/电动执行器的部件在正常情况下运行应不少于20年。在整个寿命周期内，风阀能保持良好的泄漏率，开启和关闭灵活可靠，决不允许出现卡死、关不严、打不开及开启和关闭时间延长、超出设计要求的现象。

（10）风阀开启方式及启闭时间：风阀相邻叶片为对开方式，并应保证风阀在任何开度下，当火灾发生时能可靠地转换为全开或全闭状态，实现火灾工况下运行，并应提供风阀任意开度状态的反馈信息。从关闭到完全开启的时间和完全开启到关闭的时间应不大于20 s。

（11）电动风阀的所有反馈信号均从电动执行器获得，风量调节阀电动执行器应提供状态反馈信号，并具有延时保护功能。

（12）电动组合风阀须预留使用便携式手操器的条件。

（13）风阀应满足机电设备监控系统的控制（开、关）、显示（开、关）、故障报警停机等控制功能，并应具有保护功能。

（14）单体风阀在额定电压降低15%或升高10%的条件下进行阀门动作试验，其动作应灵敏可靠。有控制信号输出要求的，应能接通显示阀门动作的信号回路。

（15）单体风阀有耐高温要求的风阀经1.5 h的耐火极限性能试验后，试件从任何方向观察，不能由于阀门任何部件的位移、脱落或翘曲而在阀片上或阀片周围、部件与部件之间产生非运行间隙的可见穿孔。

（16）耐火性能：70 ℃防火阀耐火等级应不小于1.5 h，280 ℃防火阀耐火等级应不小于3 h。

2）风阀的主要部件及功能要求

风阀的主要部件包括阀体、叶片、叶片轴、风阀轴承、连杆、温度熔断器、执行机构等。

（1）阀体：阀体应采用2~3 mm厚优质热镀锌钢板制作，镀锌层（双面）质量≥275 g/m²，焊缝应光滑平整，紧固件不应有松动、损伤现象。

（2）叶片：采用优质热镀锌钢板，镀锌层（双面）质量≥275 g/m²。防火阀、防烟防火阀的叶片厚度δ=2 mm，焊缝应光滑平整，阀体表面经酸洗、磷化之后，喷涂防锈漆和耐热漆，涂漆均匀，表面无锈蚀并满足耐火要求，且接合牢固，无漏漆和剥落现象，紧固件没有松动、损伤等现象。阀门叶片宽度不应大于300 mm。

（3）叶片轴：单体阀要求采用优质镀锌圆钢（直径 = 12 mm）；组合阀叶片轴直径≥20 mm；轴套叶片支承在轴承上。叶片长度≥1 m时，应采用通轴结构；通轴长度≥1.5 m时，叶片应分段制作，阀体与叶片轴之间应采用支承加强措施。

（4）风阀轴承：要求采用具有自润滑功能的青铜制作；叶片应牢固支承在轴承上，轴承应转动灵活，同时轴承大小和强度必须满足承受风压、耐高温与防火要求；防火阀、排烟防火阀风阀轴承应可耐高温（300 ℃）。

（5）连杆：应采用直径≥10 mm的不锈钢棒制成，连杆上的销钉轴套应采用具有自润滑功能的青铜制作，阀门连杆承载力应不低于阀门通常扭矩的200%。整体传动机构全部叶片应能同步严密关闭和开启，确保整体风阀的控制精度和低泄漏的要求。

（6）温度熔断器：应为消防部门认可的标准产品，并经权威部门检验合格。熔断关闭性能：70 ℃防火阀、排烟防火阀的温度熔断器分别在（73±0.5）℃、1 min内能瞬速熔断，阀门关闭；在（65±0.5）℃、5 min内不应动作。280 ℃防火阀的温度熔断器分别在（283±0.5）℃、1 min内能瞬速熔断，阀门关闭；在（275±0.5）℃、5 min内不应动作。

（7）执行机构：电动执行机构应具有远距离电动控制和现场手动控制的功能，并设置电动/手动操作转换把手，具有机械和电气两种限位装置，以确保运行的安全可靠，其限位装置应无须使用工具即可进行限位开关的调整；并且具有电动控制启停、手/自动转换、故障报警、启停状态、位置反馈信号，以及具有延时保护功能。手、电动开关控制动作应灵活、可靠、关闭自如，不得出现卡住现象。手动启闭操作力不应大于70 N。开关操作及调节时，风阀应基本无过大声响。

4. 风阀的功能要求

（1）风阀承压：区间隧道通风系统和站台隧道通风系统的风阀承受压力应≥2 000 Pa；疲劳寿命在2 000 Pa压差的情况下应不低于100万次。区间、站台隧道电动组合风阀承受周期性活塞风的冲击，需考虑活塞风正压、负压的相互作用，和远期列车密度要求，具有抗疲劳特性，保证风阀在周期性活塞风压的冲击下，零部件不出现松动及变形。其他通风空调系统风阀承受压力应≥1 200 Pa。

（2）风阀应具有结构坚固、控制精度高、泄漏量小、摩擦力矩小、转动灵活、噪声低、安装维护方便等优点，可满足不同通风面积、不同风压和环境温湿度要求的特点的技术先进、可靠的成熟产品。

（3）漏风量应≤500 m³/（h·m²）。

（4）最大驱动扭矩需符合设计要求。

（5）组合风阀启闭全程时间应≤20 s。

（6）在最大设计流速下应不产生异常的振动和噪声。

（7）组合风阀所采用的密封件、涂料及电动执行机构的耐高温、耐湿性能需符合设计要求。

（8）风阀的有效通风面积应不小于80%；在风阀全开时，阻力系数$\varepsilon \leq 0.5$。

（9）用于调节风量的风阀，叶片启闭方式为对开式，应有表示开度的指示机构和保证风阀全开和全闭位置的限位装置；手动风阀还应有保持任意开度的锁定装置。

（10）防火阀阀门关闭的可靠性：连续工作次数≥250次时，仍然转动灵活，动作灵敏、可靠。

（11）防火阀耐颠振性能：当承受振动次数为100次/min、加速度为30 m/s^2、历时2 h的颠振试验时，仍能符合相关标准要求，紧固件无松动和位移现象。

（12）调节阀的叶片开启角度能在0°~90°内调节。

（13）绝缘性能：阀门有要求的外部带电端子与阀体之间的绝缘电阻在常温下应>20 MΩ。

5. 叶片与阀体、叶片间的密封

（1）耐高温风阀的侧密封件可采用不锈钢薄板密封结构或耐高温（250 ℃/h）的弹性橡胶。

（2）耐高温风阀的叶间密封以及叶片与框体之间应采用耐高温的陶瓷纤维条或耐高温（250 ℃/h）的弹性橡胶。

（3）无耐高温要求的风阀在使用寿命期内0~70 ℃下，所有密封件能长期连续有效运行。

（4）风阀轴端应采取密封措施。

6. 外观

（1）阀门上的标牌应牢固，标识应清晰、准确。

（2）阀门零部件的表面应平整，不容许有裂纹、压坑及明显的凹凸、锤痕、毛刺孔洞等缺陷。

（3）阀门的焊缝应光滑、平整，不容许有虚焊、气孔、夹渣、疏松等缺陷。

（4）风阀及控制箱所用钢制零部件的全部表面应做喷塑或喷漆防腐蚀涂层，施涂前，材料表面应进行必要的工艺处理，即其表面均应做防锈、防腐处理，经处理后的表面应光滑、平整，涂层、镀层应牢固，不应有剥落、镀层开裂以及漏漆或流淌现象。

（5）对角线尺寸公差：对角线≤1 m±1.5 mm；（1~1.5）m±2 mm；（1.5~2）m±2.5 mm；>2 m±3 mm。

2.5.5 消声装置

地铁的噪声除列车的运行噪声外，主要是地铁通风空调设备运行所产生的噪声。地铁通风空调系统中所使用的风机以轴流风机为主，其特点是风量大、再生噪声大、自然衰减小，噪声频带较宽，一般在63~8 000 Hz内均有较高的噪声值。因此，在消声设备的选择上要有针对性和适用性，才能保证对地铁噪声进行有效的控制和减小。

地铁工程中使用的消声器一般有两种：一种为土建风道金属外壳片式消声器（采用现场组装结构形式）；另一种为通风空调小系统管道式消声器（一般为整体式）。吸声材料大多采用离心玻璃棉板或毡。

消声器是允许气流通过，同时又使气流中的噪声得到有效降低的消声设备。要求在所需要的消声频率范围内有足够大的消声量，要求消声器具有阻力小、体积小，加工经济、简单，使用寿命长等特点。目前国内地铁通风系统中选用的消声设备一般以消除中、低频噪声的阻性消声器为主。

阻性消声器的工作原理是利用声波在敷设于气流通道内多孔性吸声材料中传播，因摩擦将声能转化为热能而散发掉，使沿管道传播的噪声随距离而衰减，从而达到降低噪声的目的。

阻性片式消声器是阻性消声器的一种，具有结构简单，中、高频消声性能优良，气流阻力较小等特点。阻性片式消声器如图2-41所示。

地铁通风空调系统通常选用的是金属外壳片式消声器和结构片式消声器。金属外壳片式消声器多安装于通风机进出口两端。直接与风机前后管相连接；结构片式消声器多安装于进、排风土建结构风道内以及活塞风道、风井内。

图2-41 阻性片式消声器

根据地铁工程的特殊要求，消声片内部应采用不燃性吸声材料，并能在150 ℃或250 ℃烟气情况下持续有效工作1 h。

1. 消声器的结构特性

1) 消声器的分类

按结构形式可分为风道消声器和管道消声器。

（1）风道消声器：风道消声器为结构片式消声器，片间自锁连接，不需预埋件。为了维护、检修方便，在适当的位置设置活动消声片、检修通道或检修门。

（2）管道消声器：大型壳体消声器外壳采用单体壁板现场组拼，内部吸声片也采用单元体片式连接结构；小型壳体消声器为整体式结构。

2) 外观要求

消声器外观要求平整，壳体、肋板、法兰等金属件平整清洁，无锈痕污物，无切割毛口，无凹坑、划伤、损伤、缺角等明显缺陷。

2. 消声器的结构要求

消声器所采用的材料，必须符合国家或行业标准。消声器部件连接应牢固、无松动、无漏焊点，表面光滑平整、无锈蚀、无毛刺，咬口搭接均匀。组装成形后的消声器结构应有足够的刚性和强度，能承受2 000 Pa的内外压差，长期运行应不会出现松动和变形。产品质量应稳定、可靠，并具有第三方权威机构的测试合格报告。

消声器的结构设计应便于清扫及其他日常维护工作的进行。吸声片的结构应使消声器长期运行而不会出现吸声材料沉降的现象。

3. 吸声材料

消声器内吸声材料应不含有任何易燃、可燃物质和有害、有毒物质，流阻适当，孔隙均匀，有较高的吸声性能和化学稳定性。

4. 吸声护面

安装在敞口风井内的消声器，吸声护面的材料应采用厚度≥0.6 mm 的不锈钢穿孔板，消声片两端的导流罩应采用厚度≥0.6 mm 的不锈钢板。对于室内安装的消声器，当消声器截面的长边≤800 mm 时，其吸声护面材料采用厚度≥0.5 mm 的热镀锌钢板穿孔板；当消声器截面的长边>800 mm 时，其吸声护面材料采用厚度≥0.8 mm 的热镀锌钢板穿孔板。镀锌层的质量≥200 g/m^2。

吸声护面材料的穿孔率应满足消声性能要求，平整度不应超过 2/2 000 mm，穿孔板边缘要求平整，表面应光滑无毛刺、无污物或锈痕。吸声材料和吸声护面间设置有玻璃布的，其玻璃布应为平纹无碱玻璃布。安装在敞口风井内的消声器，其玻璃布应为防水型。吸声材料护面开孔率应为 22%~28%、孔径≤2.5 mm，应使得消声器在运行的过程中雨水不易透过护面进入吸声体，吸声孔不易被灰尘堵塞，方便清理维护。

5. 框架结构

1）大型壳体消声器的结构

当连接风管截面积的大边尺寸≥2 000 mm 时，壳体应采用厚度≥2 mm 的热镀锌钢板制作，制作后其连接件、紧固件、标准件均应采取热镀锌处理，镀锌层的质量≥200 g/m^2。

2）小型壳体消声器的结构

当连接风管截面积的大边尺寸<2 000 mm 时，壳体采用热镀锌板材制作，镀锌层的质量≥200 g/m^2，板材厚度按照国家标准规定的风管厚度加大一号选型制作，焊点破坏处采取防腐环氧富锌漆处理。

3）片式消声器的结构

片式消声器的框架采用热镀锌板制作，焊接后锌的破坏点采用防腐环氧富锌漆处理。片式消声器立式安装时，采用安装支撑框架，框架采用热镀锌槽钢，固定在竖井内侧墙体支撑，同时框架能满足现场焊接或采用螺栓安装的要求，紧固件及标准件均采取制作后再热镀锌处理，镀锌层的质量≥200 g/m^2。

4）安装在敞口风井内的消声器

吸声片两端的导流罩采用厚度≥0.6 mm 的不锈钢板制作，增强防湿、防潮耐腐蚀性。安装于送、排风道内的消声器，其承受风压应不低于 1 500 Pa；安装于活塞风道内的消声器，其承受风压应不低于 2 000 Pa；安装于风管内的消声器，其承受风压应不低于 1 200 Pa。

6. 环境条件

设置在室内的消声器在环境温度≤45 ℃、相对湿度≤98%的条件下能够正常工作。设置在交通干道附近风井内的消声器以及敞口风井内的消声器，在当地的气候条件下，能够承受日晒雨淋及交通干道附近恶劣的空气污染，保证使用寿命期内能长期正常工作。敞口风井内安装的有可能淋雨的消声器，必须采用不锈钢制作。

设置在区间隧道排烟系统的消声器，能满足耐温 150 ℃、持续有效工作 1 h 的要求。设置在地铁车站防排烟系统的消声器，能满足耐温 250 ℃、持续有效工作 1 h 的要求。

车站内的消声器设计有以下要求：

（1）传至站厅、站台公共区的最大噪声应<70 dB。

(2) 传至设备与管理用房的工作和休息室的最大噪声应<60 dB。

(3) 各空调送风设备机房内的噪声应<90 dB。

(4) 传至风亭外的最大噪声，昼间应<70 dB，夜间应<55 dB。

(5) 区间通风系统设备早晚正常通风运转时，传到区间隧道内的噪声应≤85 dB；传至风亭外的最大噪声，昼间应<70 dB，夜间应<55 dB。

火灾排烟和阻塞工况时，应尽可能降低传至风亭外的噪声。

任务一　环控通风系统设备维修

【任务分析】

环控系统设备的维修工作，应贯彻"预防为主，防治结合，修养并重"的原则，为保证行车安全，提升运营服务水平，为乘客提供"安全、准点、舒适、快捷"的乘车环境，必须坚持"为一线服务"的宗旨。作业内容较巡视深入，是一种主动的预防性维修，要根据环控设备的构成、运行和使用特点等因素，周期性地纠正设备运行后可能积累的误差、磨损，或零部件使用寿命到期后的更换，对相应设备进行小修、中修、大修，有效地预防故障的发生，有计划地减少设备损耗，以取得较好的技术、经济效益，保证环控系统设备以良好的状态投入运行。

1. 维修管理的组织及有关人员的职责

由于环控系统的设备使用场合不同，要维修的设备较多，较为分散，而且受正常载客运营时间的限制，必须服从调度的统一安排，遵章办理一切必要的作业手续，确保运营安全，包括行车安全、乘客安全和工作人员安全，需要在轨行区域进行的维修作业对正常载客运营有影响时，必须在收车后进行。维修计划由专业技术人员根据环控系统的构成、运行和使用特点等因素制定，由专业维修工班的维修人员执行。执行过程包含作业前手续办理、维修作业、作业内容的记录、作业过程发现的异常问题反馈等内容。

2. 维修作业性质分类

1）维修作业

维修作业是指保养、维修及故障抢修三种生产作业。

2）计划性维修

（1）预防维修：为了防止设备性能及精度劣化或降低，根据设备运转的周期和季节性等特点，按预先制订的设备维修周期与工作内容、技术要求和计划所进行的维修作业。

（2）改善维修：为了消除设备的先天性缺陷或频发故障，对系统及其设备的局部结构或零件的设计加以改进、改装，以提高其可靠性能的维修作业。

3）非计划性维修

（1）抢修：当某一环控系统设备发生故障，严重危及列车正常运行或构成严重安全隐患时，对该设备进行突击性、快速修复其基本功能的维修作业。

（2）补修：与抢修情形类似，是针对对正常运营安全不构成直接或间接影响的故障，可以在事后进行修理的维修作业。

4）委外维修

维修作业经安全、技术、经济效益等方面比较后，可以将部分维修作业委托给外单位来承担的作业任务。

3. 设备维修程序

环控专业维修工班的维修作业分为非计划性维修和计划性维修，每项工作都必须遵守各类设备操作手册和维修手册的要求。非计划维修作业程序如图 2-42 所示，计划性维修作业程序如图 2-43 所示，委外维修作业程序如图 2-44 所示。

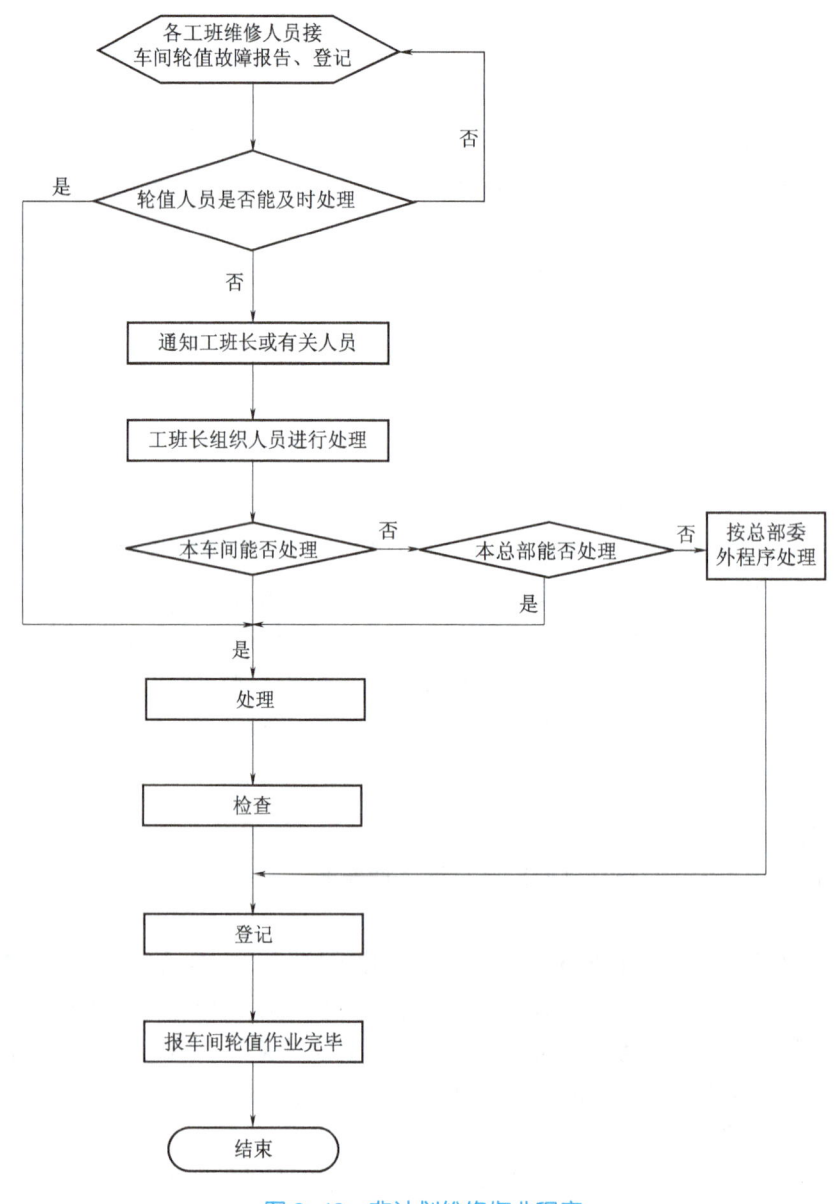

图 2-42 非计划维修作业程序

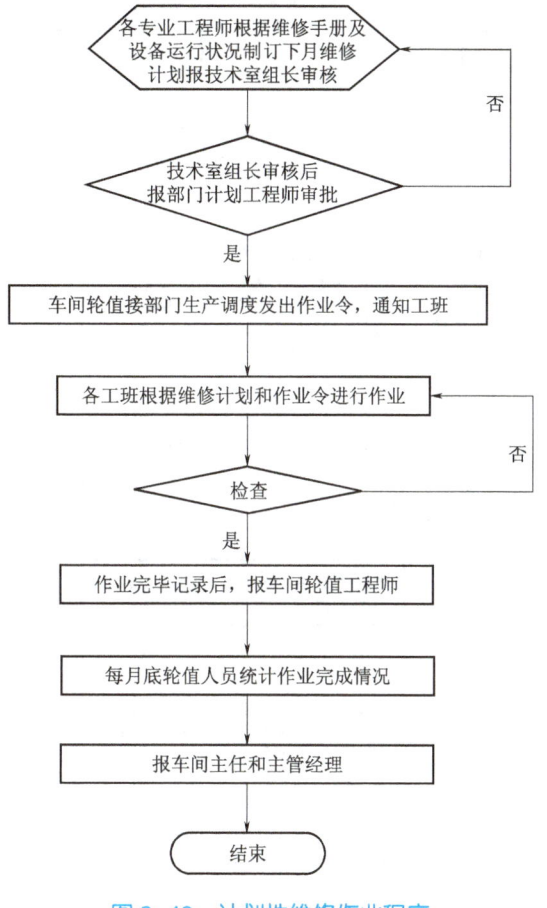

图 2-43 计划性维修作业程序

4. 维修作业等级分类

1) 一级

一级保养（即日常保养）是每天在设备投入使用前或使用后，对其状态进行认真检查，发现不正常现象及时排除和报告；保持设备清洁，使工作环境符合要求；进行简单的调整或更换易损件（如熔断器、指示灯等）；按要求添加润滑油等。目的是使设备处于良好的工作状态，由巡检、操作人员按照使用说明和保养规程进行。此维修作业等级的人员应接受必要的技术培训，持证上岗。

2) 二级

二级保养是对设备的主要功能及主要部位做定期检查、局部解体、清理或更换标准零配件、加注或更换润滑油等。目的是使设备处于良好的工作状态，由维修人员按照维修说明书和保养规程在现场进行，巡检、操作人员做必要的配合。此维修作业等级需要便携式工具。

3) 三级

三级保养为小修，小修是对曾发生过的故障进行结构性分析诊断，更换或修复少量的零部件或组件，以及诸如全面调整或调校等。目的是使设备保持正常的工作状态至下次计划性修理，由维修人员在现场或专门维修场所按照维修手册和维修规程进行。此维修作业等级需要专用工器具和设备。

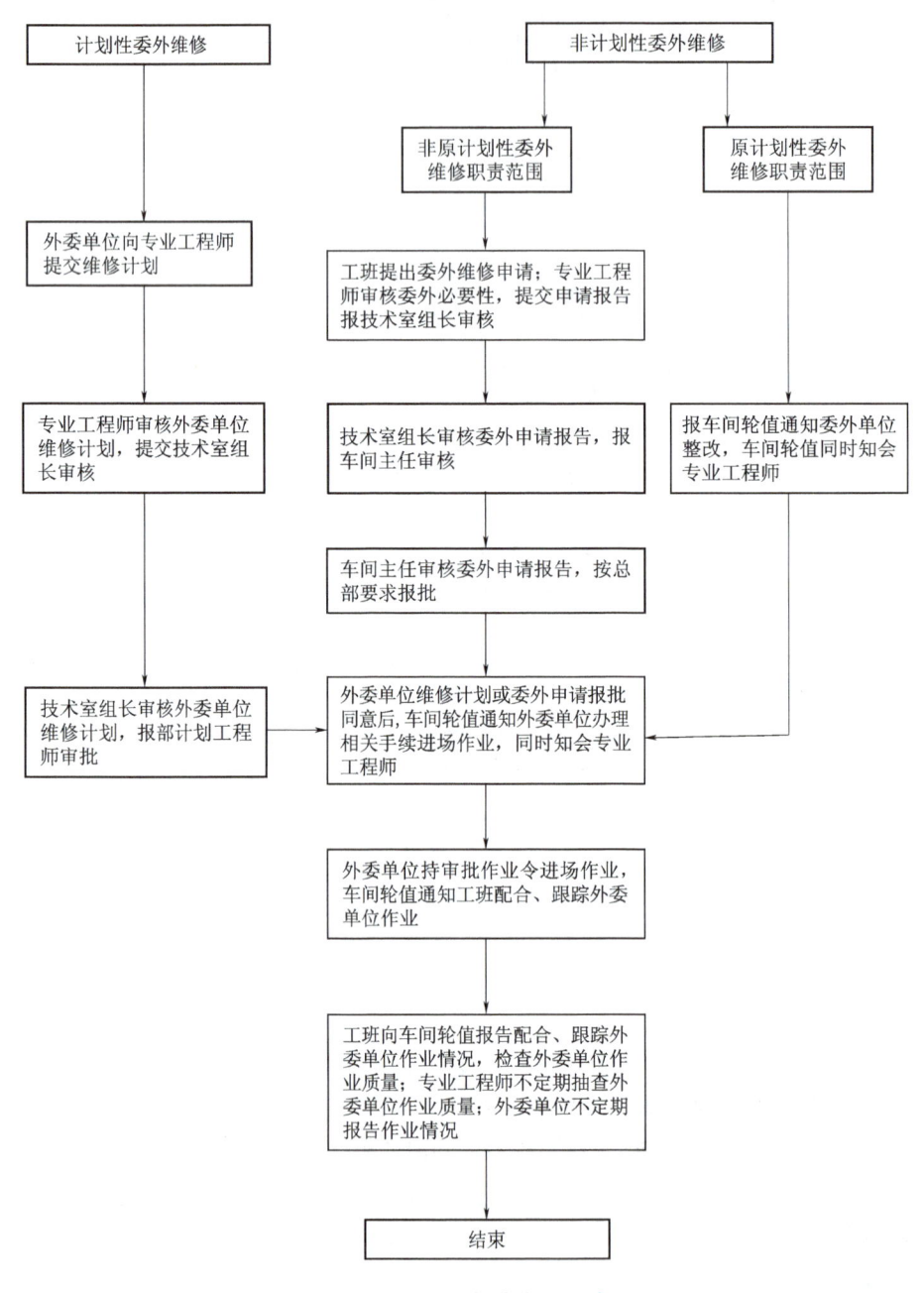

图 2-44　委外维修作业程序

4）四级

四级为中修，更换和修复设备的主要零部件和磨损件，对结构和系统进行全面检查和调整。目的是使设备恢复和达到规定的功能状态和技术特性直至下次中修或大修，由专业技术管理人员带领维修队伍，在现场或专门维修场所进行。此维修作业等级需要专用测试仪器、工器具和设备，以及全面详细的技术资料。

5）五级

五级为大修，是将设备全部解体，更换和修复磨损零件，进行全面检测、调整设备。目的是使设备全面恢复原有的功能状态和技术特性。除有能力自行承担的项目外，一般请制造厂商或专业大修单位承担。

【任务目标】

按要求对环控通风设备进行日常一级、二级、三级、四级和五级维护维修。

【实施步骤】

环控通风系统各种常用设备的维修周期与工作内容见表2-2。表中所列的是一些较为通用的设备定期检查维修项目，因不同的系统可能存在一定的特殊性，故实际应用时应根据具体设备配置与系统使用情况进行修正。

表2-2　环控通风系统各种常用设备的维修周期与工作内容

序号	设备	修程	维修工作内容	周期
1	组合式空调机	日常巡视	检修门的密封性检查	每周
			滤袋内积尘情况检查	
			滤袋固定情况检查	
			皮带松紧度检查	
			风机运行情况检查	
			各紧固件的检查	
			积水槽积水检查	
			风机段积水检查	
			底盘漏水检查	
			机体变形检查	
		月检查	同日常巡视全部内容	每月
			检修门密封条的更换	
			内部照明装置的维修	
			滤袋的清洁	
			皮带松紧度的调整或更换	
			风机及内部环境的清洁	
			电器安全性能检查	
		季小修	同月检查全部内容	每季
			滤袋的更换	
			风机轴承的检查及润滑油的更换	
			表冷器表面积尘的清洁	
			机体泄漏检查及补漏	
			积尘报警器检查	
			消声器检查	

续表

序号	设备	修程	维修工作内容	周期
1	组合式空调机	年维修	同季小修全部内容	每年
			表冷器内部的清洗	
			机体强度的加固	
			机体及支架的防锈处理	
2	柜式、挂壁式、吊式空调机，风机盘管	日常巡视	过滤网的检查与清洁	每周
			风机运行情况检查	
			进出风口软接头检查	
		月检查	同日常巡视全部内容	每月
			电器安全性能检查	
			导水槽的检查	
		季小修	同月检查全部内容	每季
			温度调节器检查	
			风机轴承的检查及润滑油的更换	
			表冷器表面积尘的清洁	
		年维修	同季小修全部内容	每年
			表冷器内部的清洁	
			机体的防锈处理	
			机体结构的加固和稳定	
3	风机	日常巡视	风机运行情况检查	每周
			风机进出风软接头的检查	
		月检查	同日常巡视全部内容	每月
			检查紧固地脚螺丝或吊杆螺丝	
			检查风机外壳强度	
			电器安全性能检查	
		季小修	同月检查全部内容	每季
			检查紧固风叶及其组件	
			检查风机轴承或更换润滑油脂	
			清扫风机叶片及电机积尘	
		年维修	同季小修全部内容	每年
			检查风机叶片强度及是否变形或断裂	必要时
			做动静平衡试验	必要时
			检查或更换吊杆及基础螺栓	必要时

续表

序号	设备	修程	维修工作内容	周期
4	组合风阀及风量调节阀	日常巡视	开闭是否灵活 是否产生噪声或振动	每周
		月检查	同日常巡视全部内容 操作器及执行器的检查与修理 阀框固定是否可靠 关节部位的润滑及阀片清扫 电器安全性能检查	每月
		季小修	同月检查全部内容 操作器及执行器的更换 传动部位松紧度调校 阀框等的表面防锈处理	每季
		年维修	同季小修全部内容 阀框紧固度的检查 阀片的修复或更换 密闭度检查	必要时
5	分体空调器	日常巡视	过滤网的清洁 运行是否正常 保温检查	每周
		月检查	同日常巡视全部内容 排水是否顺畅 温控灵敏度检查 清洁室内、外热交换器 电器安全性能检查	每月
		季小修	同月检查全部内容 制冷剂泄漏检查 制冷剂不良或不制冷 控制线路板的维修	每季
		年维修	同季小修全部内容 更换压缩机 热交换器损坏或更换 更换风扇 添加或排放制冷剂	必要时

任务二　环控通风系统故障分析与处理

【任务分析】

对发生故障的设备进行及时的判断分析，并及时排除故障。对重要故障的设备进行测试、诊断，进而修复或暂时修复。详细记录故障现象及修复过程，以备在其他修程开展时做出进一步的处理与修复。保证故障设备能恢复使用功能，若无法达到，至少确保设备恢复运营所必须具备的功能。及时向有关人员通报对故障的测试、诊断及处理过程。

1. 故障报告

（1）任何人都有报告故障的权利。

（2）环控设备巡视操作人员及工班维修人员有报告故障、事故的权利，并有在各自的职责范围内处理故障，避免或控制事故，降低事故破坏程度的责任和义务。

（3）维修调度是维修部门唯一的故障报告中心，部门业务范围内的任何故障、事故报告，必须第一时间直接向维修调度报告。

（4）故障报告及处理程序流程如图 2-45 所示。

2. 抢修

（1）事故抢修坚持"先通后复"的原则，即在保证列车运营安全的前提条件下，省略部分复杂的修理过程，尽快（暂时）恢复运营，在运营结束后，再对未完全修复的功能或部分进行补修处理。

（2）各生产部门轮值工程师是维修部门下设的唯一故障处理指挥中心，维修调度的任何抢修指令，均须由轮值工程师第一时间派人处理。

（3）维修调度保留越过轮值工程师直接调派抢修队伍的权力。

（4）任何单位或个人接到轮值工程师或维修调度的抢修命令后，必须立即奔赴现场组织抢修，不得以任何借口逃避或拖延。

（5）抢修过程不可免除必要的清、销点手续，以及各类安全防护措施。

（6）故障抢修过程中不需办理"进场作业令"，由维修调度口头通知控制中心（OCC）或车厂调度中心备案。

3. 补修

（1）在抢修过程中不能及时修复的，由部门轮值工程师提出，经维修调度确认后，允许在规定的时间内进行补修。

（2）补修作业视维修调度的协调安排，能够纳入下月维修作业计划的必须纳入；不能纳入的，由生产技术室按临时作业的规定进行操作。

（3）计划性补修作业程序同计划性维修作业程序，不得简化任何步骤。

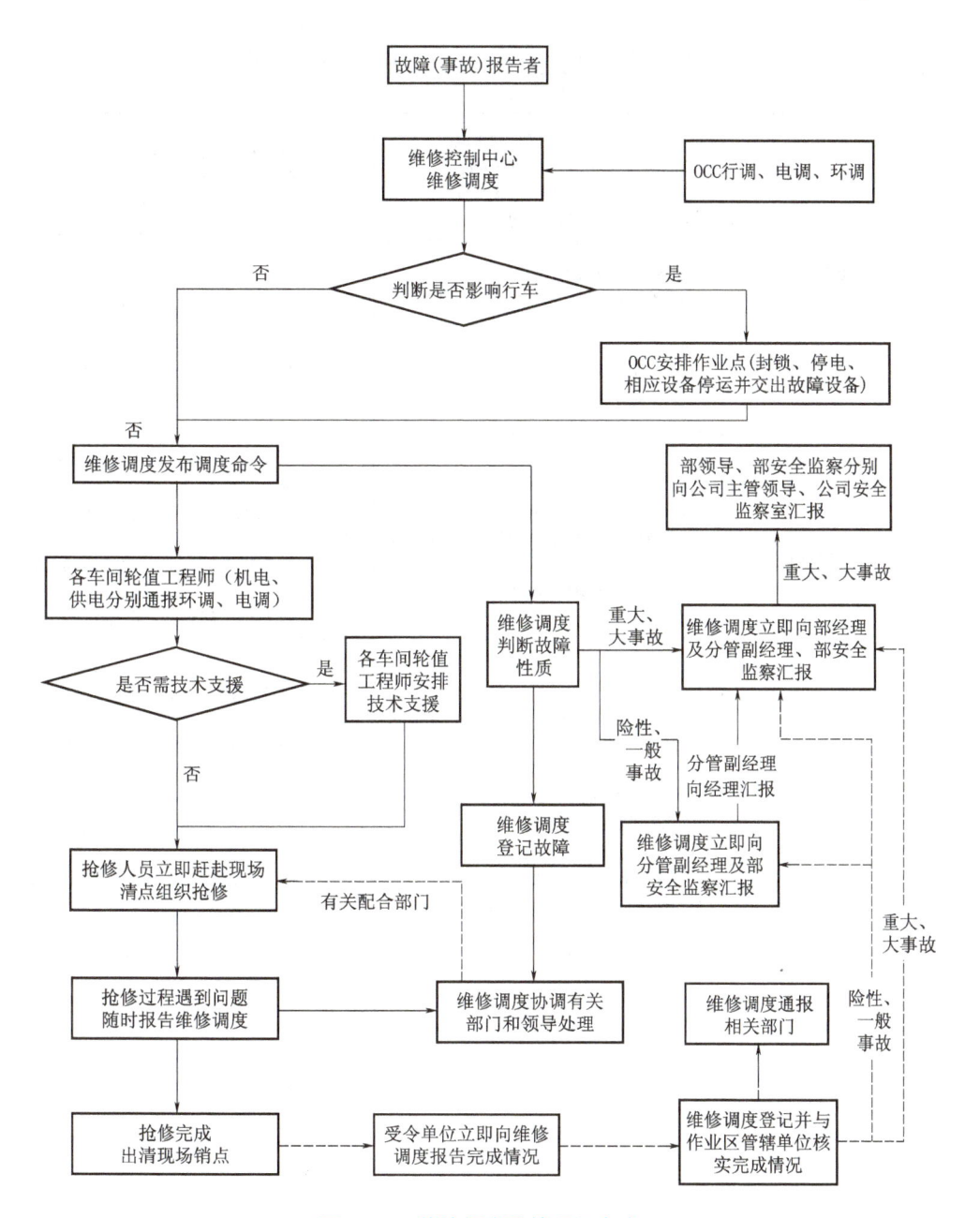

图 2-45　故障报告及处理程序流程

【任务目标】

对组合空调机典型故障进行分析与处理。

【实施步骤】

1. 组合空调机典型故障分析与排除

按照表 2-3 所示，分析组合空调机典型故障，并进行排除。

表 2-3　组合空调机典型故障的产生原因及排除方法

序号	故　障	产生原因	排除方法
1	轴承箱振动剧烈	1. 机壳或进风口与叶轮摩擦； 2. 基础刚度不够或不牢固； 3. 叶轮铆钉松动或轮盘变形； 4. 叶轮轴盘与轴松动； 5. 机壳与支架、轴承箱与支架、轴承箱盖与座等连接螺栓松动； 6. 风机进出气管道的安装不良，产生振动； 7. 转子不平衡； 8. 风机皮带轮与电动机皮带轮不在同一中心线上	1. 调整叶轮与机壳或进风口的间隙； 2. 增强基础刚度或使连接部位连接牢固； 3. 重新铆接或对轮盘整形； 4. 查明松动原因，视情况更换键、轴或轴盘； 5. 拧紧松动螺栓； 6. 按照规范对管道的安装进行调整； 7. 修正转子使其达到动/静平衡要求； 8. 调整电动机位置，使风机带轮与电动机带轮在同一平行中心线和径向平面上
2	轴承温升过高	1. 轴承箱振动剧烈； 2. 润滑油脂质量不良、变质或填充过多，含有灰尘、黏砂、污垢等杂质； 3. 轴承箱盖座连接螺栓紧力过大或过小； 4. 轴与滚动轴承安装歪斜，前后两轴承不同心； 5. 滚动轴承损坏	1. 查明轴承箱振动的原因，并消除振动； 2. 清除不良油脂或除去多余油脂，清除杂质并重新加油，确保轴承箱内有适量的优质油脂； 3. 调整连接螺栓紧力，使之达到松紧合适的程度； 4. 重新安装，确保前后两轴承同心； 5. 更换新轴承
3	电动机电流过大和温升过高	1. 流量超过规定值或管道漏风； 2. 电动机输入电压过低或电源单相断电； 3. 受轴承箱振动剧烈的影响； 4. 受并联风机工作情况恶化或发生故障的影响	1. 调节流量在规定范围内或消除管道漏风； 2. 确保电压稳定或消除电气故障； 3. 查明轴承箱振动原因并消除轴承箱的振动； 4. 查明原因并消除对本风机的影响
4	皮带滑下	两皮带轮位置彼此不在同一中心线上，使皮带从小皮带轮上滑下	调整皮带轮的相对位置，使两皮带轮在同一中心线上
5	皮带跳动	两皮带轮距离较近或皮带过长	调整两皮带轮之间的距离到合理值，并使皮带的松紧度以压下到一个皮带的厚度为合适
6	空调柜风机段积水	1. 排水口堵塞； 2. 接水盘漏水； 3. 风机段负压过大	1. 清理排水口杂物及控制好封水位； 2. 修补或更换接水盘； 3. 清洗尘网过滤袋或表冷器，调节风柜的进出风阀情况，保证风速，加防漂水盘盖等

小贴士：以上列举的只是一些较为通用的故障现象与处理方法，对于某些特定的设备，可能还有一些特有的故障分析与处理方法，故在维修中应根据实际情况，参考具体设备的使用与维修说明书，对其加以修订完善。

2. 设备故障维修后的恢复

（1）故障处理完毕后，必须对设备的运行状况进行检查，包括运行质量及性能指标都符合要求，无异常出现，才算维修完毕。

（2）处理完毕后，要对现场进行清理、恢复，保证环控设备就地、环控和车控功能正常实现。

(3) 办理故障维修的销点手续，并做好故障处理记录。

(4) 现场作业人员无法处理的故障，应通知专业工程师到现场进行处理。对一时无法处理的故障则报维调，并做好现场设备的保护措施，尽快安排维修。

知识拓展1——地铁隧道火灾危害及其特点

由于地铁在地面以下，建筑结构复杂、出入口比较少、疏散路线相对较长、照明通风条件差、各种电气设备比较多、人员数量庞大且集中，因此一旦发生火灾，烟气就会迅速蔓延至大部分空间，不利于采取救援和人员疏散，而且往往会造成重大的人员伤亡和财产损失。因此，预防和防止地铁发生火灾是非常必要的。以下是国内外地铁隧道工程火灾的一些实例。1982年3月，美国纽约地铁由于电气出现故障，发生火灾，一段车厢被损坏，伤86人，并造成重大经济损失。1983年8月，日本名古屋地铁发电设备发生短路引起大火，大火烧了3个小时，震惊了日本国民，造成重大伤亡和经济损失。1987年11月，英国伦敦地铁发生火灾，导致地下机房和售票厅被毁，超过100人受伤、30多人死亡。1991年4月，瑞士苏黎世地铁发生火灾，50多人重伤，1节车厢被烧毁。1995年10月，阿塞拜疆巴库地铁电动机车的电路短路，发生惨剧，造成558人死亡，269人受伤。1998年1月，俄罗斯莫斯科地铁发生爆炸，3人受伤。1999年10月，韩国首尔地铁发生火灾，55人死亡。2000年2月，纽约北部地铁发生火灾，导致光缆线路熔化，电话互联网线路中断，由于在夜间，没有人员伤亡。2001年8月，英国伦敦发生地铁爆炸事故，造成6人受伤。2003年2月，韩国大邱地铁发生火灾，造成200人死亡，100多人受伤，300多人失踪。2004年2月，莫斯科地铁某站地铁列车内发生爆炸，50多人死亡，100多人受伤。

地铁火灾与地面建筑火灾不同，地铁大部分都深处地下，尤其是地铁隧道外部由混凝土包围，与外界相连通的通道口较少，而且空间比较狭小。由于地铁隧道自身的特殊性，决定了地铁隧道内发生火灾的特点：

(1) 烟气中毒，氧气含量迅速下降。由于地铁列车内所处环境比较封闭，当地铁列车内装饰材料等着火时，由于氧气供应不足，燃烧物燃烧产生大量有毒气体，危害人的生命，致使死伤严重；地铁和外界相连的出口很少，发生火灾时新鲜空气很难得到补充，令人缺氧窒息。

(2) 热、烟聚集，危害严重。由于地铁周围是混凝土，内部空间狭小且封闭，火灾发生过程中，烟、热不能及时排出去，热量聚集，无法消散。内部空间温度迅速上升，当发生轰燃时，隧道内最高温度能够到达1 000 ℃。

(3) 人员逃生距离长，难以疏散。地铁疏散由于受到各种条件限制，出入口少，疏散距离较长；火灾发生过程中，平时的出入口在没有排烟设施或排烟设施较差时，可能成为喷烟口，人员逃生和烟气流动方向都是自下而上，而烟气的蔓延速度比人群的逃离速度快得多，人们就在高温毒烟的环境中逃生，容易造成大量人员中毒窒息死亡。

(4) 地下建筑火灾相比于地面建筑的火灾，在扑救时会更加困难。地铁隧道内电气设备等发生短路引发火灾时，隧道内断电与外界失去联系，机械排风机也失去排烟作用，不知道究竟发生在什么位置，很难判断火场形势、分析发生火灾的部位；并且黑暗和大量有毒烟雾笼罩，很难得到及时救援。

(5) 地铁列车内人员密集，客流量很大，由于隧道内空间不大，除了列车外，两侧剩余空间很小，当火灾发生时，在列车停止的情况下，由于人员处在极度恐慌中，容易发生踩踏事故，造成重大人员伤亡。

总之，地铁隧道发生火灾的危害是巨大的，非常有必要从各方面研究地铁火灾。

知识拓展2——环控系统设备的运行

正常条件下环控设备可通过中央级、车站级、就地级三级进行控制和自动控制系统进行监控，实现设备的集中监控和科学管理，提高综合自动化精度，通过运行不同的环控模式，满足不同场合对设备的运行要求，做到安全、合理、先进。

1. 环控设备的受控方式

1) 中央级控制

中央级控制装置设在控制中心（OCC），配置有中央级工作站、全线隧道通风系统及车站环控系统中央模拟显示屏，OCC工作站可对隧道通风系统进行监控，执行隧道通风系统预定的运行模式或向车站下达大、小系统和水系统各种运行模式指令，主要功能有：

（1）可实现对全线通风空调系统、冷水机系统、隧道通风系统的监视、控制。

（2）能自动显示并记录全线环控设备的运行状况和设备累积运行时间。

（3）能实时反映车站温、湿度等数据。

（4）通过自动控制系统与防灾报警系统在中央级接口，能接收报警信息并触发环控系统的灾害模式，指令环控设备按灾害模式运行。

（5）通过自动控制系统与信号系统的接口，接收区间堵车信息，并对相应区间运行强制通风模式。

2) 车站级控制

车站级控制装置设在各站车控室，配置车站级工作站和紧急控制盘，在正常情况下可监视本站的隧道通风系统，空调大、小系统及水系统，向中央级控制传达本站设备信息，并执行中央级控制下达的各项运行指令。在中央级控制工作站的授权下，车站级工作站可作为本车站的消防指挥中心，当车站级工作站出现故障时，紧急控制盘可以执行中央级工作站下达的所有防灾模式指令，主要功能有：

（1）可实现对本站通风空调系统、冷水机系统、隧道通风系统的监视、控制。

（2）能使本车站环控设备按给定的模式运行；根据负荷变化，自动确定优化、节能模式并运行。

（3）能满足环控工艺要求，对区间隧道通风系统设备进行正常和灾害模式控制。

（4）能接收本站防灾报警系统的报警信息，并通过自动控制系统实现本站进入灾害模式，控制环控设备按灾害模式运行。

3) 就地级控制

就地级控制设置在各车站的环控电控室，具有对单台环控设备就地控制功能。便于各种设备调试、检查和维修，单台环控设备同时设有就地控制箱。在中央级、车站级、就地级三级控制中，就地级控制具有优先权。

2. 环控设备的主要运行模式

1) 各站环控大系统主要运行模式

实际车站回风温度为 T_r，车站空调工况的设定回风温度值简称设定值。

(1) 空调季节小新风空调（$T_r<$设定值）。
(2) 空调季节小新风空调（$T_r \geqslant$设定值）。
(3) 空调季节全新风空调（$T_r<$设定值）。
(4) 空调季节全新风空调（$T_r \geqslant$设定值）。
(5) 非空调季节。
(6) 站厅火灾。
(7) 站台火灾。
(8) 小系统火灾、排毒运行模式。

2）各站隧道通风系统运行模式

(1) 正常运行。
(2) 早间通风。
(3) 晚间通风。
(4) 左线站台火灾。
(5) 右线站台火灾。
(6) 左线车站隧道火灾。
(7) 右线车站隧道火灾。
(8) 左线区间阻塞。
(9) 右线区间阻塞。

注：设计的优先顺序是：火灾事故运行优先，阻塞运行次之，正常运行最后。

3）集中冷站的运行模式（以3台冷水机组的冷站为例）

(1) 空调工况运行早间系统管网预冷。
(2) 空调工况运行总冷负荷<30%。
(3) 空调工况运行30%≤总冷负荷≤70%。
(4) 空调工况运行70%<总冷负荷≤100%。
(5) 空调工况运行总冷负荷>100%。
(6) 空调工况运行晚间利用余冷供冷。
(7) 非空调工况运行水系统全停。
(8) 事故情况：区间爆管水系统全停。
(9) 事故情况：火灾水系统全停。

项目小结

1. 地铁机械通风是通过向火灾源送风以改变火灾源附近热气流的平衡。如果送风量充足，热烟气流会流向送风流的下风方向；但当送风量不足时，附着在顶部区域的热烟气流将会向上风方向流动，此现象被称为"回流现象"。

2. 地下车站环境通风系统就是依照风流流动的路线，从进风口到排风口，以通风机为动力，由管道网络、三防设施、消声装置等组成的空气流动系统。

3. 车站通风系统又包括站厅公共区乘客通风系统（简称大系统）和设备与管理用房通风系统（简称小系统）。

4. 当采用通风方式，系统为开式运行时，每个乘客每小时需供应的新鲜空气量应不少于 30 m³；当系统为闭式运行时，每个乘客每小时需供应的新鲜空气量应不少于 12.6 m³，且所供应的新鲜空气量均不应少于总送风量的 10%。

5. 空气调节系统简称"空调系统"。空气调节系统由被调对象、空气处理设备、空气输送设备和空气分配设备等组成。

6. 区间隧道通风系统的主要设备有隧道风机、推力风机、射流风机及相关的电动风阀。

7. 由于屏蔽门设置后，停站列车的产热不能像闭式系统一样由车站空调系统承担，通常是在通过轨顶和站台板下的风口及风道将列车发热量排到室外，常称之为车站隧道通风。

8. 车站站厅、站台公共区的制冷空调及通风（兼排烟）系统，简称车站空调大系统。车站管理及设备用房的空调通风（兼排烟）系统，简称车站空调小系统。

9. 当外界空气温度小于空调送风温度时，停止水系统的冷水机组运行，采用全通风运行；当外界空气焓值小于或等于车站空调大系统回风的空气焓值时，采用全新风空调运行；当外界空气焓值（空气中含有的总热量）大于车站空调大系统回风的空气焓值时，采用小新风空调运行。

10. 地铁通风风道包括风亭、风道和风井。严格来说，水平段为风道，竖直段为风井，出地面部分为风亭。

练习与思考

一、填空题

1. 在列车由于各种原因停留在区间隧道内，而乘客不下列车时，顺列车（　　　　）方向进行送排风等机械通风，（　　　　）列车空调冷凝器等，使车内乘客仍有舒适的旅行环境。

2. 当发生列车火灾及站台火灾时，应使站台到站厅的上、下通道间形成一个不低于（　　　　）的向下气流，使乘客从站台迎着气流撤向站厅和地面，因此，除车站的站台（　　　　）运转向地面排烟外，其他车站大系统的设备均停止运行。

3. 地铁通风风道包括风亭、风道和风井。严格来说，水平段为（　　　　），竖直段为（　　　　），出地面部分为（　　　　）。

4. 空气处理设备用于对房间空调送风进行冷却、加热、减湿以及空气净化等处理，常见的有（　　　　）和（　　　　）等。

二、单选题

1. 当外界空气温度小于空调送风温度时，停止水系统的冷水机组运行，采用（　　）运行。

　　A. 全通风　　　　B. 小新风空调　　　C. 全新风空调　　　D. 不通风

2. 当外界空气焓值（空气中含有的总热量）大于车站空调大系统回风的空气焓值时，采用（　　）运行。

　　A. 全通风　　　　B. 小新风空调　　　C. 全新风空调　　　D. 不通风

3. 当外界空气焓值小于或等于车站空调大系统回风的空气焓值时，采用（　　）运行。

　　A. 全通风　　　　B. 小新风空调　　　C. 全新风空调　　　D. 不通风

4. 地铁通风风道的竖直段为（　　）。

　　A. 风口　　　　　B. 风亭　　　　　　C. 风道　　　　　　D. 风井

三、多选题

1. 车站隧道通风系统的主要设备有（　　）。

　　A. 轨道排风机　　B. 电动风阀　　　　C. 水泵　　　　　　D. 双防火阀

2. 区间隧道通风系统的主要设备有（　　）。

　　A. 隧道风机　　　B. 推力风机　　　　C. 射流风机　　　　D. 电动风阀

3. 由于屏蔽门设置后，停站列车的产热不能像闭式系统一样由车站空调系统承担，通常是在通过（　　）将列车发热量排到室外，常称之为车站隧道通风。

　　A. 轨顶风口　　　B. 站台板下的风口　C. 风道　　　　　　D. 氧

四、简答题

1. 阻性消声器的工作原理是什么？
2. 车站隧道通风系统是怎样设置的？
3. 环控通风系统风机类设备有哪些？

第3章　环控冷水系统

学习目标

了解环控冷水系统的组成。
理解环控冷水系统的工作原理。
了解轨道交通集中供冷系统的概念及优势。
掌握轨道交通集中供冷系统的工作原理。
认识环控冷水系统组成的各种设备。
了解环控冷水设备的分布位置及功能。
会对冷水机组进行预防性维护。

学习要求

能力目标	知识要点	权重
能描述环控冷水系统的组成及工作过程	环控冷水系统的组成、工作原理	10%
熟知轨道交通集中供冷系统的概念和工作原理	集中供冷系统的概念、工作原理	30%
能正确认识环控冷水系统设备，能描述设备功能	冷水机组、冷却塔、水泵、集分水器	40%
会对冷水机组进行预防性维护	冷水机组日常维护、定期维护	20%

3.1　环控冷水系统的组成及工作原理

环控冷水系统是为空调大系统和空调小系统提供冷源的系统，其组成及工作原理如图 3-1 所示。

1. 冷水系统的组成

冷水系统为车站公共区、车站管理及设备用房空调器提供冷源，冷源即冷冻水。空调水系统指各站为供给车站大、小系统空调用水所设置的制冷系统，由冷水机组、水泵、冷却塔、水阀与管路等设备组成。冷水机组、冷冻水泵、冷却水泵都位于站厅层制冷机房。

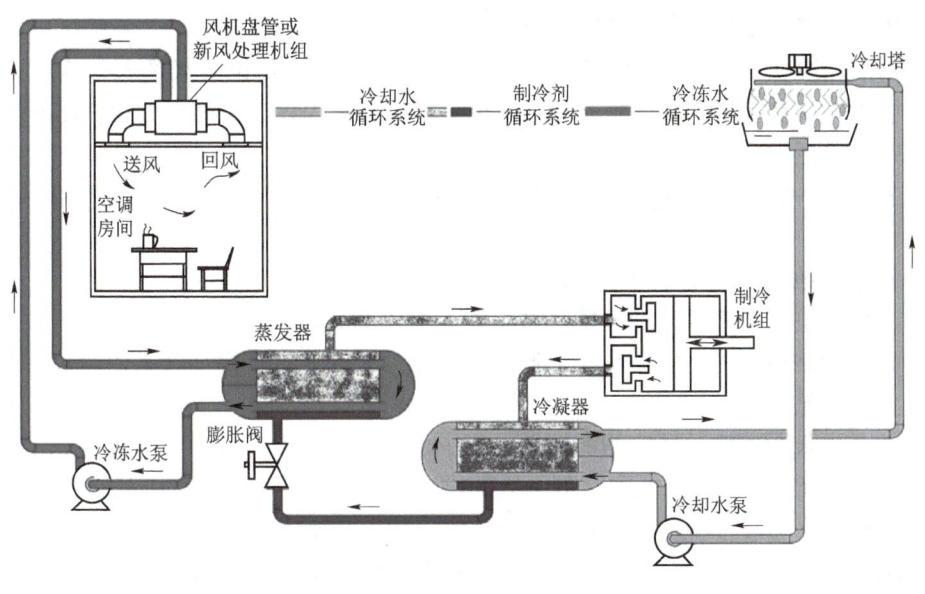

图 3-1 环控冷水系统的组成及工作原理

2. 环控冷水系统的工作原理

环控冷水系统可以看成制冷剂循环系统、冷却水循环系统、冷冻水循环系统三部分,这三部分各自独立工作,又相互联系。

1) 制冷剂循环系统

制冷剂在冷水机组里循环,如图 3-1 中的中间部分,经过制冷机组中的压缩机时温度升高,经过冷凝器时,用冷却水将温度降下来,制冷剂被降到冷却水的温度后,经过膨胀阀,温度变得更低,再进入蒸发器,用冷冻水将冷量带走,温度上升后的制冷剂再进入制冷机组,构成循环。

资源 3-1 环控冷水系统工作原理

2) 冷却水循环系统

冷却水通过冷水机组把制冷剂的热量带走,再经过冷却塔把热量释放到空气中,从冷却塔出来后,经过水泵再回到冷水机组,这样构成一个冷却水循环系统。在这个系统中的泵称为冷却水泵。

3) 冷冻水循环系统

冷冻水在蒸发器中带走制冷剂的冷量后,再到空调系统末端(如风机盘管、空调机组)与空气换热,温度升高后再回到冷水机组内带走制冷剂的冷量,这样构成冷冻水循环系统,在这个系统中的泵称为冷冻水泵。

3. 环控冷水系统的供冷方式

环控冷水系统采用集中供冷的方式。集中供冷系统是采用集中制冷、分散供冷的方式,集中设置冷冻机房,通过敷设冷冻水管,依靠二次泵将冷冻水送至各相关站点的空调系统。该系统将多个站点的制冷设备集中在一起,可实现统一的运行。

广州市的地铁二号线首期工程设 20 个车站,全程约 23.26 km,其中地下车站 16 个,地面和高架车站 4 个,隧道约 18.54 km,地面线和高架线 4.72 km。首期工程地下车站大系统空调采用集中供冷方式(三元里站采用独立冷站除外),是国内第一个地铁集中供冷系统。

67

之后，我国轨道交通多采用集中供冷系统。

广州市的地铁二号线的 15 个地下车站由 4 个集中冷冻站提供大系统空调冷水。除海珠冷站采用引用珠江水直接冷却冷凝器外，其余各集中冷站均采用冷却塔方式循环冷却。

1）集中供冷系统的特点

（1）提供了一种新的供冷方式，可以通过集中冷站的选择使空调系统对周围城市环境的影响减少。

（2）减小了地铁建设与环保、规划的协调工作量，减少了市民投诉。

（3）长距离输送冷冻水，输送能耗占总能耗的比率高。

（4）集中冷站便于将冷负荷集中，选用制冷能力大的设备，提高设备使用效率。

（5）集中冷站可以利用天然冷源冷却。

（6）为减少长距离输送反应的滞后性，集中供冷系统应进行集中自动控制。

集中供冷系统为轨道交通通风空调系统的供冷方式提供了一种新的方法，特别是在城中心区很好地解决了规划、环保等难题。与分站供冷相比，市民不会在闹市区看到体形庞大的冷却塔，减轻了空调系统对城市环境和卫生的影响，提升了地铁线路的先进性。

2）集中供冷系统的概念及原理

城市轨道交通集中供冷是指将相邻 3~5 个车站的空调冷冻水汇集到某一处，进行集中处理；冷冻水再由二次冷冻水泵和管路长距离输送到各车站，以满足车站所需的冷量。集中供冷原理如图 3-2 所示，典型的集中供冷系统如图 3-3 所示。

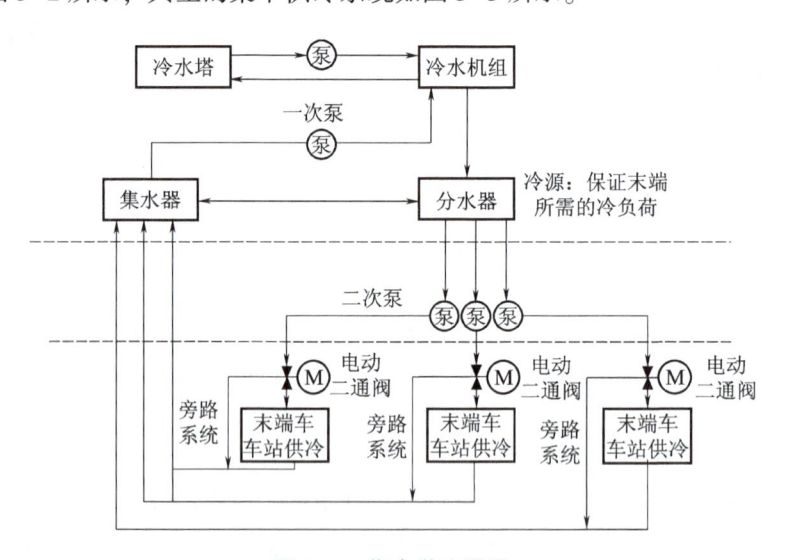

图 3-2 集中供冷原理

3）集中供冷系统的组成

地铁集中供冷系统由冷冻水环路和冷却水环路组成。

（1）冷冻水环路。

① 冷冻水一次环路。冷冻水一次环路主要由冷冻水一次泵、冷水机组、冷冻水定压系统及附属设备构成。主要功能为：空调季根据系统控制的时间表，运营前进行系统预冷（结合小系统的运行实际情况，经运营验证后确定具体的预冷开机时间）；晚间结束运营前，提前关闭部分主机（但保证小系统的供冷），利用余冷；正常运营制备空调大、小

第3章 环控冷水系统

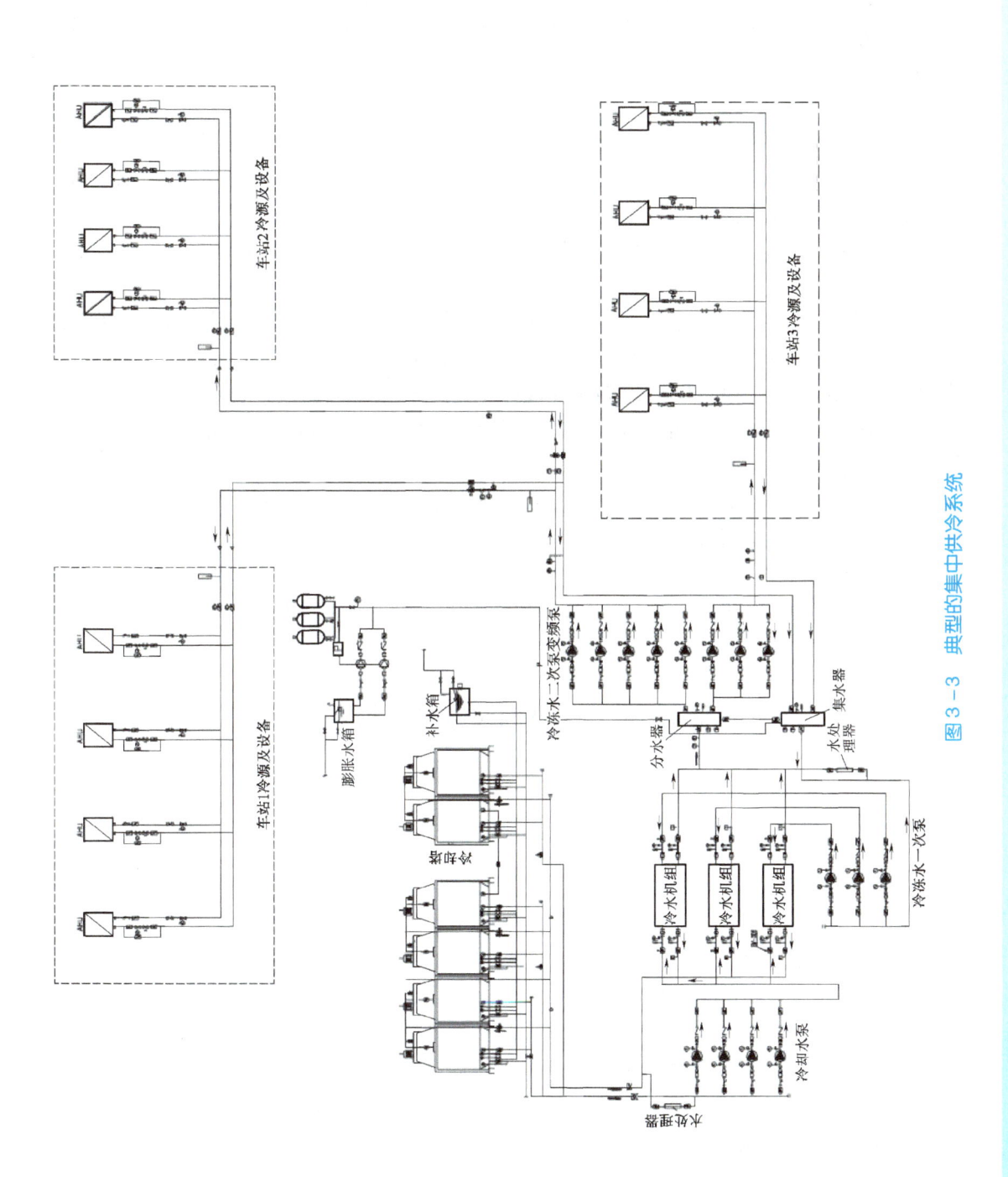

图3-3 典型的集中供冷系统

系统冷冻水。正常运营后根据二次环路的实际冷负荷，同时参考比较环路上设置的温度测点值及监测末端比例积分二通阀的开度，确定一次环路的冷水机组开启台数并进行相应的连锁控制。为满足调试及工程的进度，简化冷水机组及其附机的控制，冷水机组与冷冻水一次泵、冷却水泵、冷却塔风机联动，由冷水机组的主机控制器完成。冷冻水一次泵与冷水机组的配置为一一对应。

② 冷冻水二次环路。冷冻水二次环路由二次冷冻水泵、变频器和管网等组成，其主要功能是实现冷冻水的远距离输送，并通过监视末端阀门的开度和压力差，计算出末端的冷负荷，进而改变二次冷冻水泵的供电频率（变频），以满足车站实际冷负荷的需求。二次冷冻水泵的变频由末端差压控制。

由于管路长，水网的稳定性差，所以各站的分流管上要加装水力平衡阀进行水力平衡和减压。

③ 车站末端设备。车站末端设备主要由各车站的组合空调器、风机盘管及前后的控制阀门组成。组合空调器（或落地式风机盘管）的过水量受其出水管上的比例积分二通阀控制。而控制比例积分二通阀开度的信号是由设置在站台和站厅的温度探头经车站可编程序控制器（Programmable Logic Controller, PLC）计算后发出的。车站 PLC 可将站台、站厅及进、出水温度通过网络传给冷站控制室。

车站末端设备主要由大、小系统的组合式空调器、风机盘管、流量计、温度传感器、压力传感器及相应的控制阀门组成。

(2) 冷却水环路。冷却水环路主要由冷却塔、冷却水泵、阀门及管道组成。冷却水通过冷水机组把制冷剂的热量带走，再经过冷却塔把热量释放到空气中。

3.2 环控冷水系统的主要设备及功能

3.2.1 冷水机组

地铁通风空调工程冷水机组是为地铁车站空调大、小系统提供冷源的设备。冷水机组为空调箱提供冷源，通过冷冻水进入空调箱的制冷盘管，与空气接触，提供冷量。经过换热的冷冻水回流到冷水机组，与制冷剂交换热量进行冷却。

常用的冷水机组有螺杆式冷水机组和离心式冷水机组。

螺杆式冷水机组的特点有：结构简单，制冷效率高，易损件少，体积小，质量小，占地面积小；运动部件少，检修周期长；振动小，对基础要求低；制冷量可在 10%～100% 内无级调节；机组可采用高精度大屏幕触摸屏，全数字化中文显示；可实现计算机多重控制功能，使螺杆式冷水机组操作更方便、更安全、更可靠，但运行噪声较高。

螺杆式冷水机组如图 3-4 所示，主要由压缩机、

图 3-4 螺杆式冷水机组
1—干燥过滤器；2—冷凝器；3—电控箱；
4—压缩机；5—蒸发器；6—膨胀阀

干燥过滤器、蒸发器、冷凝器、膨胀阀及电控箱组成。

1. 冷水机组的工作原理

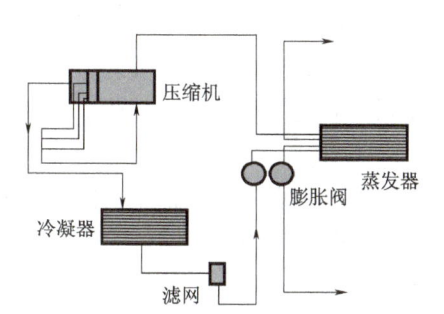

水冷单螺杆式冷水机组的制冷原理如图 3-5 所示。螺杆式冷水机组因其关键部件——压缩机采用螺杆式，故名螺杆式冷水机组，由蒸发器出来的状态为气态制冷剂，经压缩机绝热压缩以后变成高温、高压状态。被压缩后的气态制冷剂，在冷凝器中，等压冷却冷凝，经冷凝后变化成液态制冷剂，再经节流阀膨胀到低压，变成气液混合物。其中低温、低压下的液态制冷剂，在蒸发器中吸收冷冻水的热量重新变成气态制冷剂。气态制冷剂经管道，重新进入压缩机，开始新的循环。这就是冷冻循环的四个过程，也是螺杆式冷水机组的主要工作原理。冷水机组的组成如图 3-6 所示，具体情况总结如下。

图 3-5　水冷单螺杆式冷水机组的制冷原理　　图 3-6　冷水机组的组成

（1）压缩机是制冷系统的动力装置，起压缩和输送制冷剂蒸气的作用，促使制冷剂沿箭头方向不断循环流动。经过压缩机的压缩作用，蒸发器里的制冷剂蒸气压力下降，冷凝器里的制冷剂蒸气压力上升。

（2）在冷凝器里，制冷剂由气态变成液态，需要释放大量的热量被冷却水吸收，使冷却水温度由 30 ℃上升到 35 ℃。

（3）膨胀阀对制冷剂起节流降压的作用，并调节进入蒸发器制冷剂的流量。

（4）在蒸发器里，制冷剂由液态变成气态，需要从冷冻水中吸收大量的热量，使冷冻水温度由 12 ℃下降到 7 ℃。

地铁通风空调工程冷水机组应是运行安全、技术先进、可靠性高、节省空间、便于安装和维护、高效节能、噪声低、自动控制性能高的产品。

2. 冷水机组的结构要求

冷水机组主要由制冷压缩机、冷凝器、蒸发器、润滑系统、控制系统、保护系统、节流装置等组成。压缩机机组采用全封闭或半封闭螺杆式制冷压缩机；冷凝器应为壳管式换热器；蒸发器应为满液式蒸发器；润滑油应选用质量优等的产品；机组用压缩机组件、温度和压力传感器、油过滤器组件、安全阀与其他各类阀件、压力容器组件、油分离器组件等，应选用优质、高性能、高可靠性的产品。

1）控制系统的控制功能要求

冷水机组至少应具有启停控制、冷冻水出水温度控制、压缩机和节流装置的调节、单机及附属设备的程序控制、防反复启动逻辑、电流负荷限制等功能。控制方式要求：机组控制

71

模块的自适应控制方式自动运行而避免由于制冷温度低、冷凝器温度高及电动机电流过负荷等非正常工况所引起的停机,只有在非正常工况延续到超出保护极限时,机组才会停止运行。机组应具有断水、蒸发器冻结、冷媒不足、冷媒压力过低、冷媒压力过高、压缩机倒转、缺相、电动机绕组温度过高、冷媒排出温度过高及断油、吸气压力过低、排气压力过高、油位过低、油温过高保护等工况下的控制保护功能。冷水机组应有接口,冷水机组的启动连锁、监控可由地铁环控 BAS 实现。

2) 控制显示器要求

控制显示器应包括水温设定值、电流极限设定值,应有蒸发器冷媒压力、温度冷凝器冷媒压力以及温度自诊断检查和显示功能,应能记录和保存多个故障及故障发生的时间、名称等。

3) 自适应控制功能要求

冷水机组的自适应控制应在系统的任一参数变化到极限而有可能损坏机器或因此引起停机的情况下能够启动保护机组的作用功能,而且冷水机组的控制模块能够进行修正,以确保冷水机组运转。冷水机组设定的基本设置参数和控制参数应具有防丢失功能。

4) 冷水机组各零部件的安装要求

冷水机组各零部件的安装应牢固、可靠,制冷压缩机应有防振动措施。冷水机组运转时应无异常响动,管路间或管路与零部件间不应有相互摩擦和碰撞。

5) 冷水机组的隔热性能要求

冷水机组的隔热层应有良好的隔热性能,在正常工作时表面不应有凝露现象。冷水机组的零部件和材料应符合有关标准的规定,能满足使用性能的要求。

3. 冷水机组的外观要求

(1) 冷水机组涂装件表面应平整光滑、色泽一致,不应有明显的气泡、留痕、漏涂、底漆外露及不应有皱纹和其他损伤。

(2) 冷水机组外壳保温应满足不产生冷凝结露的要求,对所有可能产生冷凝结露的部位,要求在出厂前进行保温处理。

4. 冷水机组的性能要求

(1) 冷水机组在名义工况时的温度条件,应满足有关标准的规定。冷水机组的控制、保护及显示功能,通信接口应满足控制系统的要求。

(2) 冷水机组在额定工况进行试验时,制冷量最大偏差应不小于额定值的 95%;消耗总电功率最大偏差不应大于机组额定值的 105%;冷冻水、冷却水的压力损失最大偏差不应大于额定值的 110%;冷冻水、冷却水的流量与额定规定值的偏差不得大于±5%。

(3) 冷水机组的额定工况性能系数应至少能满足国家标准《冷水机组能效限定值及能源效率等级》GB 19577—2004 中的 2 级水平。

(4) 冷水机组的额定噪声值应≤86 dB(A);冷水机组的振动值不应超过 15 μm/s。

(5) 冷水机组应具有较宽广的冷量调节范围,即冷水机组的能量调节可在 25%~100% 内连续进行;制冷量大的冷水机组应设计为多机头、多回路冷水机组。为确保冷水机组安全可靠地启动以及在低压工况下正常运行,冷水机组的润滑油系统采用混合式油循环系统。

(6) 制冷剂应采用 R134a,制冷剂纯度应>99.85%。

5. 冷水机组的安全要求

（1）所采用的零部件应符合相应的安全规程、国家标准、行业标准及图样和技术文件的技术要求。

（2）冷水机组压缩机在启动、正常运行、停止时，均应有信号准确可靠的显示。当机组出现过载或高、低压以及高、低温超过限值等故障时能立即报警。

（3）冷水机组在名义工况下，能使电源电压在额定电压值10%的范围内变化运行1 h，其安全保护机构不动作，且无异常现象并能连续运转；冷水机组带电部位与可能接地的非带电部位之间的绝缘电阻值应不低于1 MΩ，其耐电压试验，应无击穿和闪络；冷水机组启动电流值不应大于额定启动电流值的115%；冷水机组在制冷设计工况运行时，电动机绕组温度不应超过国家标准要求。

6. 其他

（1）压力容器的设计、制造和试验，应按国家有关规定执行，并提供权威部门的测试报告。冷水机组使用的材料应符合国家标准的有关规定。

（2）使用的隔热材料应具有阻燃或难燃、无毒、无臭等性能（并提供权威部门的测试报告），胶粘剂应无毒，粘贴或固定应牢固。人体可能接触的零部件、外壳等发热部位的温度应小于60 ℃，其他部位温度也不应有异常上升。

（3）冷水机组的气密性试验和水侧的液压试验应符合相应标准的要求。

（4）冷水机组在启动或运行时，应防止过量的液态制冷剂或油进入压缩机，以免产生液击。

（5）螺杆式冷水机组四周应留有必要的操作和维修空间，冷水机组在地铁冷冻机房的应用如图3-7所示。

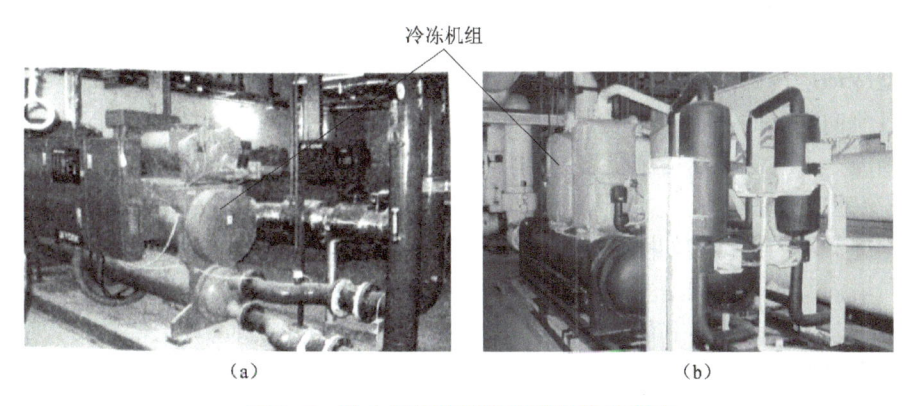

图3-7　冷水机组在地铁冷冻机房的应用

冷冻机房内设备的布置间距如下：

（1）冷水机组的一端应留出一倍机器长度的拔管空间。

（2）主要通道和操作通道宽度不小于1.5 m。

（3）冷水机组突缘部分与配电盘之间距离不小于1.5 m。

（4）冷水机组突缘部分相互之间距离不小于1.0 m。

（5）冷冻机与墙面之间距离不小于0.8 m。

（6）非主要通道不小于 0.8 m。
（7）冷水机组基础平台四周应设有明沟和地漏排水。
（8）冷冻机房内应考虑设置清洗水池。

3.2.2 冷却塔

地铁通风空调工程冷却塔是为冷水机组冷却器提供冷却水的设备，如图 3-8 所示。冷却塔是利用空气同水的接触（直接或间接）来冷却水的设备。它是以水为循环冷却剂，让水在塔内与空气进行直接或者间接的热湿交换而达到降温的目的；水冷式制冷机组系统中冷凝器用的冷却水基本上都是采用冷却塔处理而循环使用的。冷却塔多数安装于地面上，如图 3-9 所示。

图 3-8 冷却塔

图 3-9 冷却塔应用实物

1. 冷却塔的分类

根据水流和空气流动的方向不同，冷却塔分为逆流型冷却塔和横流型冷却塔。

1）逆流型冷却塔

逆流型冷却塔内部结构如图 3-10（a）所示，它是水在塔内填料中自上而下，空气自下而上，两者流向相反的一种冷却塔，其特点是配水系统不易堵塞、淋水填料保持清洁不易老化、湿气回流小、防冻化冰措施更容易。

2）横流型冷却塔

横流型冷却塔内部结构如图 3-10（b）所示，它是水在塔内填料中自上而下，空气自塔外水平流向塔内，两者流向呈垂直正交的一种冷却塔。其特点是节能、水压低、风阻小、配置低速电动机、无滴水噪声和风动噪声、填料和配水系统检修方便。

横流型冷却塔应用实物如图 3-11 所示，主要组成部分有玻璃钢外壳、洒水盆、集水盆、填料、电动机、风扇、进水管和排水管。地铁站内所用的冷却塔都为方形横流型冷却塔。

2. 冷却塔的工作原理及组成

利用水和空气的接触，通过蒸发作用来散去冷水机组冷却器产生的热。当干燥（低焓值）的空气经过风机的抽动后，自进风网处进入冷却塔内；饱和蒸汽压力大的高温水分子向压力低的空气流动，湿热（高焓值）的水自播水系统洒入塔内。当水滴和空气接触时，由于水蒸气表面和空气之间存在压力差，在压力的作用下产生蒸发现象，带走蒸发潜热，将水中的热量带走即蒸发传热，从而达到降温的目的。图 3-12 所示为横流型冷却塔的工作原理。

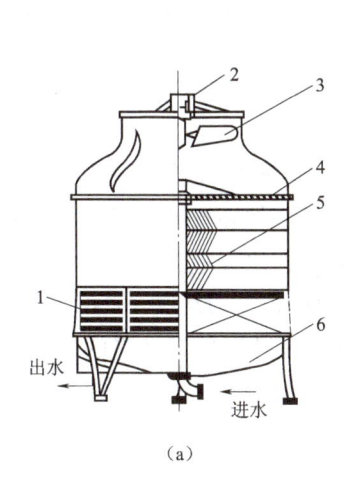

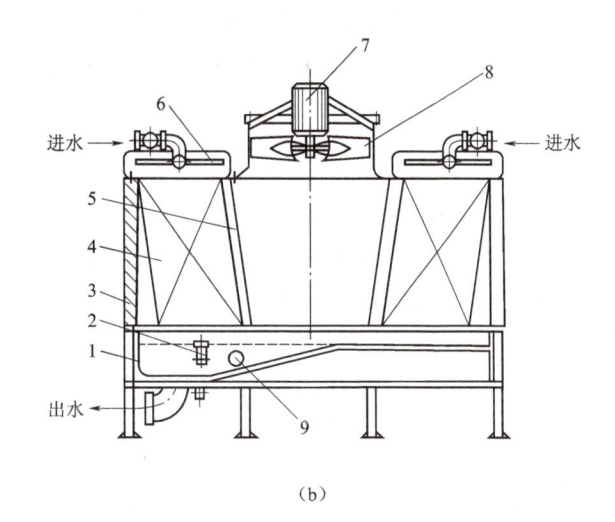

图 3-10 冷却塔内部结构

(a) 逆流型

1—导风板；2—电动机；3—叶轮；4—布水器；5—填料；6—集水池

(b) 横流型

1—集水池；2—溢流管；3—导风板；4—填料；5—收水器；6—布水器；7—电动机；8—叶轮；9—浮球（补给水）

图 3-11 横流型冷却塔应用实物

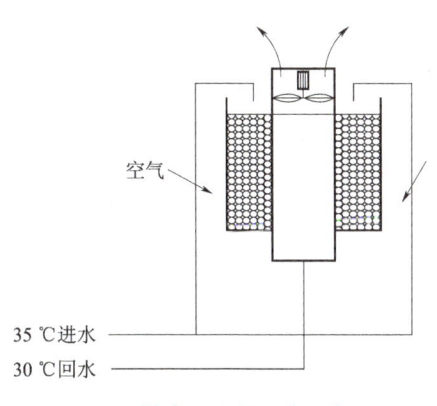

图 3-12 横流型冷却塔的工作原理

资源 3-3
冷却塔的工作原理

冷却水的流动方向为进水管（35 ℃）—洒水盆—两边填料—集水盆（30 ℃）—排水管。冷空气的流动方向为冷却塔外部—两边填料—冷却塔内—风扇排出。高温的循环水进入冷却塔，在热交换器—填料处与外界来的冷空气发生水气热交换（主要为蒸发散热和接触散热，辐射散热可忽略），从而使高温的循环水降温，以达到冷却散热的目的。其中，填料的作用是扩大水气热交换面积，延缓水气热交换时间，使循环水温度下降且接近环境空气的湿球温度。

3. 冷却塔的整体性能要求

（1）塔体采用钢框架，所有钢构件采用热镀锌，塔体面板应采用优质材料，并考虑抗太阳辐射的影响，使其具有抗老化的能力。塔体框架结构应保证塔体在安装、运行后的稳定性，具有抗风、抗振、防盗性能。塔体外表面应有均匀的胶衣层，表面应光滑、无裂纹、色泽均匀。塔体边缘应整齐、厚度均匀、无分层，切割加工断面应加封树脂。

（2）冷却塔具有阻燃或不燃要求，玻璃钢的氧指数≥32。填料应具有良好的热力性能及阻力特性，耐高温、抗低温、阻燃性能好，氧指数≥44.5；填料的安装方式应合理、科学，便于清洗、维护。采用合理的配水系统，喷嘴应选用国际先进技术和材料。应分别对电动机、风机、淋水噪声进行技术隔声和消声。

（3）除有色金属外，所有黑色金属部件（包含连接件）表面应作热镀锌处理。玻璃钢件内的预埋金属件，应作去油、除锈、打毛、清洗处理。

4. 冷却塔的工作性能要求

（1）在电压正常波动范围内能正常启动和运转，机组在使用现场组装后，应进行检查和试运转。

（2）按水温降对比法求出的实测冷却能力与设计冷却能力的百分比不得小于95%。

（3）单台冷却塔根据标准测试方法运行时噪声要求不超过 60 dB（A）。除了部分转动部件在正常寿命时间后更换外，填料的使用寿命应不小于 15 年，其余的材料和部件应在正常情况下运行不少于 20 年使用年限。

5. 冷却塔的结构及组成要求

1）塔体

塔体外形应线条简洁、美观大方，外表面颜色应具有与建筑物相协调的特点。其内外支撑应使整塔坚固、稳定性好，具有防腐蚀能力，能满足使用年限要求。塔体外壳与底盆均为强化玻璃钢制造，不受季节变化的影响；组合设计，现场拼装，便于运输及安装。顶层面板应有足够的强度，能满足安装检修要求。上部风筒应配合风机和电动机安装位置设计，风筒上应设置热镀锌钢网，防止异物坠落，保护电动机和风机。检修门的结构形式和材料应与面板相匹配，门应能从箱体内外方便开启且转动灵活，多台塔并联安装时也能保证工作人员观察或进入每台塔内检查、维修及清洗底盆。塔体应设计有钢梯上到操作平台。所有传动动力系统荷载由塔体钢结构承担，不允许玻璃钢壳承担此部分荷载。塔体进风面距建筑物的控制距离为塔体进风高度的 1.5 倍。

2）下塔体及集水盆

下塔体内表面为富树脂层，富树脂层树脂含量应在 70% 以上。塔体内一般设有维修走道。集水盆应与下塔体连为一体，水盆、下塔体在储水后应无渗漏现象。为防止灰尘及微粒积聚，集水盆表面必须光滑，并要易于检修、清洁及设有足够的排放设施和滤网装置。下塔体与集水盆的容水量及高度应保证在启动冷却泵后不出现水被抽空现象及停泵后不出现大量水溢流现象。集水盆必须有足够的坡度以便冷却水流向排水点，排水口的尺寸取决于冷却塔的容量，但内径不得小于 50 mm，且须设置于集水盆的最低点。集水盆必须有足够的深度，以防止排水口形成旋涡和吸入过多的空气。集水盆底部必须安装过滤网，过滤较大的杂质，从而防止水泵堵塞。

3）进风叶片

进风叶片应能防溅水，且能阻挡阳光直接照射冷却塔的集水盆，从而减少水藻生长。叶片应采用耐腐蚀材料。为降低冷却塔噪声，有需要时应安装隔声叶片。

4）配水系统

配水系统应采用合理的布水系统，喷嘴应选用先进技术和材料。冷却塔采用池式布水，配水池应水平，孔口光滑，积水深度宜不小于 50 mm。应有保证冷却水平均分布在填料上的装置。配水池上应有盖板，防止水的污染和噪声传播。配水系统所使用的材料应满足环境的要求。

5）淋水填料

填料应选用冷却效率高、通风阻力小、不会被化学剂腐蚀、耐温性能好的阻燃材料。填料安装时要求间隙均匀、顶面平整、无塌落和叠片现象，每平方米至少能承受 2.94 kN 的力，填料片不得穿孔破裂，并能提供最佳的空气与热水的接触面而产生最有效的热交换作用。填料设计应控制冷却塔的飘水率，不允许有明显的飘水现象。填料设计应易于安装和取出清洗，同时应不利于滋生细菌。

6）风机及电动机

风机特性参数应符合设计工况要求，其主要配件（如电动机、减速器）应符合有关技术规定。风机应为超低噪声型，静压高、噪声低、强度大；应采用高效率、高强度叶轮结构，叶片材料采用铝合金，要求强度可靠，表面光洁，各截面应过渡均匀，无裂纹、缺口、毛刺、气泡等缺陷；正常时应在高效率区段工作；组装前，叶片应进行静平衡试验；轴承应便于调整、维护，润滑剂应按时更换；传动系统宜采用皮带传动形式，皮带轮应与风机同时进行静平衡试验，应选用高质量的皮带，保证正常使用寿命。电动机采用全封闭式防水、超低噪声、冷却塔专用电动机，应便于安装、调整。电动机的电流值不应超过额定电流值，实测耗电比不大于 0.04 kW/（m³·h）。电动机密封保护等级为 IP55，绝缘等级为 F 级。冷却塔应设置电动机和风机的检修平台，方便检修。塔顶配置人行通道，方便检查布水系统。

6. 冷却塔补水

冷却塔补水主要用于补充蒸发散热损失、飞水溅水损失以及为保证水质稳定而补充的放空损耗量。由冷却塔的散热原理可知，在一定的设计或运行状况下，冷却塔水量蒸发损失率基本上是一定的和必不可少的（在通常设计工况下，每降 5 ℃，冷却塔的水量蒸发损失率为 0.833%，一般小于或等于 0.9%）。

3.2.3 水泵

地铁通风空调工程水泵是为空调输送冷冻水、冷冻回水、冷却水的设备，主要是离心式水泵，其外形如图 3-13 所示。

1. 离心式水泵的构造及主要参数

离心式水泵的构造如图 3-14 所示，主要由泵体、叶轮、轴和轴承等组成。泵体为蜗壳形，以确保流体在蜗壳内流速均匀；泵体需以 1.5 倍工作压力的试验压力进行水压试验。叶轮对整个泵的转子进行动平衡，以确保泵的运行平稳。轴径在两轴套螺母之间的名义尺寸需相同，以减少由于尺寸差造成的应力集中。轴承可使用开放式轴承、封闭轴承、深沟型球轴承，也可使用推力轴承。

图 3-13 离心式水泵的外形

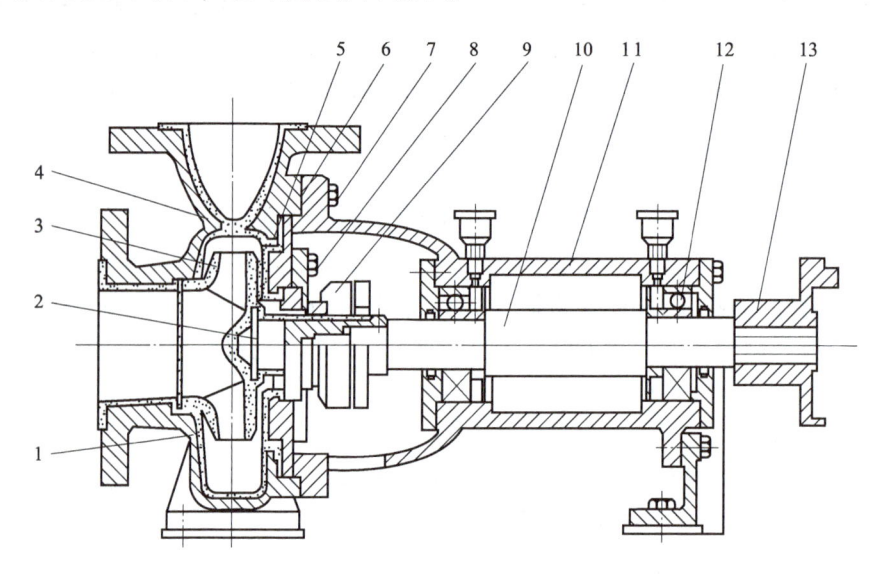

图 3-14 离心式水泵的构造

1—泵体；2—叶轮骨架；3—叶轮；4—泵体衬里；5—泵盖衬里；6—泵盖；7—机封压盖；
8—静环；9—动环；10—轴；11—轴承体；12—轴承；13—联轴节

离心式水泵的参数如下：
1）流量
泵在单位时间内由泵出口排出液体的体积量，以 Q 表示，单位是 m^3/h 或 L/s。
2）扬程
单位质量的液体通过泵后获得的能量，以 H 表示，单位是 m，即排出液体的液柱高度。
3）转速
泵轴单位时间内的转数，以 n 表示，单位是 r/min。
4）有效功率
单位时间内泵输送出的液体获得的有效能量，以 Pu 表示，单位是 W 或 kW，也称为输出功率。

2. 离心式水泵的工作原理

离心式水泵的工作原理如图 3-15 所示。离心式水泵启动前，一般泵壳内要灌满液体，当原动机带动泵轴和叶轮旋转时，液体一方面随叶轮做圆周运动，另一方面在叶轮高速旋转而产生离心力的作用下，叶轮流道里的水被甩向四周，压入蜗壳，叶轮入口形成真空，水沿吸水管被吸入；吸入的水又被叶轮甩出经蜗壳而进入出水管，这样叶轮不断旋转，连续吸水、压水，输送水流。

3. 离心式水泵的技术性能要求

离心式水泵运行的介质为清水，冷水机组的冷冻水进、出水温度为 12 ℃/7 ℃，冷却水进、出水温度为 30 ℃/35 ℃，靠离心式水泵输送。其整体性能应满足下列要求：

（1）水泵的工作压力应能承受±1.5 倍工作压力的试验压力而不渗漏。

（2）功率在 22 kW 以上的离心式水泵转速不应超过 1 500 r/min，运行时噪声应尽量低，符合环保部门要求，机座应提供安装减振设计。水泵配套有减振器和减振支架。

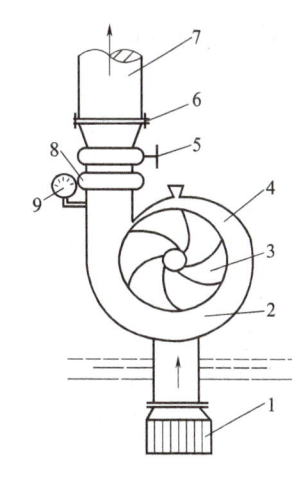

图 3-15 离心式水泵的工作原理
1—底阀；2—压水室；3—叶轮；
4—蜗壳；5—闸阀；6—接头；
7—压水管；8—止回阀；9—压力表

（3）所有水泵必须在工厂组装完整，并进行机械运转试验。

（4）水泵设计参数工作点的效率应≥70%。

（5）水泵电动机功率应大于水泵在任何工作点所需轴功率的 1.1 倍。

（6）水泵在额定及实际运行电压下应能正常启动和运转。

（7）水泵的密封采用机械密封，漏水量≤1~2 滴/h。

4. 水泵各部件的要求

1）外壳

（1）外壳应为铸铁制造或承压能力更高的材料，应设有排水及排气孔。

（2）泵壳外表面应平滑、无砂眼或其他铸造缺陷，内表面经过抛光处理或由精密树脂铸造。

2）电动机

（1）电动机为三相鼠笼式异步电动机，应采用高质量产品。

（2）电动机的绝缘等级为 F 级，防护等级≥IP55。

（3）电源额定电压为 380 V/50 Hz。

（4）电动机的冷却方式应采用风冷。

（5）正常运行时，电动机的电流值不应超过额定电流值。

3）叶轮

（1）叶轮制造材料应为青铜或不锈钢。

（2）叶轮应加以固定，以防止其按指定方向旋转时沿周向和轴向移动。

（3）水泵叶轮平衡应按照有关标准进行动、静平衡测试，动平衡等级不低于 G5.6 级，以保证水泵高效及平衡运行。

（4）叶轮表面经过抛光处理或由精密树脂铸造。

（5）叶片的设计应减少噪声。

（6）确定静止件和旋转件之间的运行间隙时，应考虑工作条件和这些零件所使用材料

资源 3-4 离心泵工作原理

的性能对安全的影响。

4）承压件

（1）泵在最恶劣工作条件下应能满足设计要求的极限压力（最大容许工作压力）。

（2）轴封箱、密封端盖在内的压力壳体，需有适当的强度和厚度，使之能在工作温度下经受住最大容许工作压力并限制变形。

（3）泵体应适合环境温度下的水压试验压力。

5）轴、轴承和轴套

（1）轴承应为径向推力轴承、高品质轴承、低噪声轴承，在确保整机运行时噪声低，改善使用环境，且耐用性好。

（2）轴承应避免把推力传送到电动机上；轴承容许的转子轴向位移不得对机械密封的性能产生有害的影响。

（3）在容许工作范围内运转时，轴承的额定寿命不少于 30 000 h。

（4）泵轴应采用不锈钢材料制作并具有可靠的防腐处理。

（5）泵轴应有足够的尺寸和刚性以便传递电动机的额定功率，使机械密封工作状况不良和卡住的危险程度降至最低，应对启动方法和有关惯性负荷给予应有的考虑。

（6）润滑剂的种类、剂量和更换周期需符合设计要求。

6）机械密封

（1）机械密封元件的材料、型式（平衡型、非平衡型、波纹管型等）应符合设计要求。

（2）在给定的工作条件下，机械密封应满足耐腐蚀、耐磨损和机械应力等要求及更换周期。

（3）轴封应采用不锈钢制造，碳化钨或复合陶瓷密封端面等，可承受水泵压头要求。

7）泵与电动机的连接

（1）泵叶轮如果直接装在电动机的延长轴上，应能够确保轴的同心，保证泵运行平稳，降低噪声和振动。

（2）提供合适、固定的联轴器防护罩。

5. 水泵的可靠性、可维护性要求

1）可靠性要求

水泵在设计时必须采用高可靠性措施。这些措施应通过利用如下的技术以降低系统故障的发生概率和有关影响正常运行的随机性。

（1）使用已证明具有高可靠性的元件。

（2）采用成熟的工艺流程。

（3）检测校验过程要有足够的频度，使类似或等同故障在二次检测之间不会发生。

（4）制定严格的检验制度。

（5）水泵（包括电动机）主体使用寿命在正常情况下不少于 15 年，机械密封正常使用寿命不小于 8 000 h，轴承的使用寿命不小于 30 000 h。

2）可维护性要求

水泵应设计成只需最少的调整和预防性维护，以及运行维护。产品设计应采取必要的措施，以减少设备修复时间、维护材料和人工成本。

应通过制定合理的维修/更换策略、在线维修措施及维修支持设备的最佳运用来减少停用时间。

6. 冷冻水泵

冷冻水系统，相应的能量提升泵就叫作冷冻水泵，主要用来提升压力，供应末端使用冷冻水。冷冻水泵一般安装在冷冻水回水管路上，因运输 12 ℃ 的冷冻水回冷水机组，可能存在冷量损失，故冷冻水泵连接的冷冻水管均采取保温措施。具体设备形式分为卧式和立式两种，分别如图 3-16 和图 3-17 所示。

图 3-16　卧式冷冻水泵实物

图 3-17　立式冷冻水泵实物

7. 冷却水泵

冷却水系统，相应的能量提升泵叫作冷却水泵，主要用来保证冷却水系统循环畅通，保证流量使用。冷却泵连接的冷却水管两端主要连接冷水机组和冷却塔两大设备。因冷却水管运输的水温一般在 32~37 ℃，上海地处亚热带，故冷却水管无须保温。北方冷却水管需加入保温措施。冷却水泵也分卧式和立式两种，卧式冷却水泵如图 3-18 所示，补水箱和立式冷却水泵如图 3-19 所示。

图 3-18　卧式冷却水泵实物
1—电动机；2—水泵

图 3-19　补水箱和立式冷却水泵实物
1—补水箱；2—立式冷却水泵

3.2.4　分集水器

分集水器是一种利用一定长度、直径较粗的短管，焊上多根并联接管接口而形成的并联接管设备。它的目的一是便于连接通向各个并联环路的管道；二是均衡压力，使汇集在一起的各个环路具有相同的起始压力或终端压力,确保流量分配均匀。分集水器实物如图 3-20 所示。

图 3-20 分集水器实物

3.2.5 变频多联空调机

地铁通风空调工程变频多联空调机主要用于地铁高架站管理用房及设备用房的空调、车辆段及运营中心管理用房及设备用房的空调。

变频多联空调机的工作原理属于一拖多形式的空调机组,它的室外机以变频方式运行。在一拖多的运行方式中,变频式空调能够根据室内机的开启台数及室内负荷的变化,来自动调节室外压缩机的转速,以改变能量的输出。变频多联机具有使用节能、环境舒适、控制灵活等特点,以其自由的组合布置、优良的部分负荷效率及灵活的使用方法,适应了地铁高架站管理用房及设备用房的空调要求。

变频多联空调机由室外机、室内机等组成。变频多联空调机室外机组如图 3-21 所示。

图 3-21 变频多联空调机室外机组

1. 变频多联空调机的工作条件

室外机应满足在环境温度≤45 ℃、相对湿度≤98%、日晒雨淋的条件下,每天 24 h、每年 365 天连续正常运行。室外机采用三相五线制(380±10%)V、50 Hz 电源,室内机采用单相三线制(220±10%)V、50 Hz 电源。

2. 变频多联空调机的主要技术要求

机组室外机制冷量可以有正负偏差,但正偏差不能超过机组制冷量的 5%,负偏差不能超过 2%。室内机制冷量正偏差不能超过机组制冷量的 5%。

3. 变频多联空调机的主要技术性能要求

机组应能在室内、外机之间最大高度差≥35 m,室、内外机之间冷媒管最大管长≥150 m,室内机之间的高度差≥8 m 的情况下连续正常地运行,以及在最大配置率≥110%、最小配置率低至 15%的情况下仍能正常启动和连续运行 16 h 以上,同时能满足各房间的温、湿度达到设计要求。管长衰减小，系统效率高，其中 50 m 等效管长衰减≤5%，100 m 等效管长衰减≤12%。

（1）由于整个空调系统需要长期连续运行，为保证使用，机组需具备不停机均油功能，在保证压缩机之间油量均衡的前提下，最大限度地保证系统的运行效果。

（2）制冷压缩机输出冷量应能根据房间负荷的变化而即时调整，其机组最低容量输出应低至 15%，实现输出冷量的无级调节；相应的室内机的冷媒流量应随之变化。机组制冷剂为环保冷媒 R410A。机组的分流不平衡率应小于 20%。机组应具有自动重启动功能，断电以前的设置不会被消除。

（3）室外机组额定噪声值应≤64 dB（A），室内机额定噪声值应符合地铁规范要求。

（4）1P 及 1P 以上的室内机均要求预留室外新风接入口，在新风量不大于室内机风量 15%的情况下，室内机应能正常工作。机组的制冷系统各部分不应有制冷剂泄漏。在要求的环境温度接近额定制冷工况的条件下，机组应能连续运行，其实测电流、输入功率等参数应符合产品设计要求。标准工况下的机组室内机的实测制冷量不应小于其额定制冷量。最大送风状况下的机组室内机的消耗功率不应大于其额定消耗功率的 105%。在环境温度为 43 ℃时，应保证机组制冷量大于或等于标准工况时制冷量的 90%。其实测制冷消耗功率不应大于其额定消耗功率的 110%。

4. 变频多联空调机的整体结构要求

1）室外机包含的保护装置

室外机包含的保护装置有高压开关、保险丝、易熔塞、过电流保护器、定时保护器等，并带有防盗设施。

2）外观要求

机组的黑色金属制件表面应进行防锈蚀处理。机组电镀件表面应光滑、色泽均匀，不得有剥落、针孔，不应有明显的花斑和划伤等缺陷。

5. 变频多联空调机的主要部件技术要求

（1）压缩机必须为高质量的压缩机。机组内的变频压缩机采用直流变频控制，室外机的风机采用直流变速控制。电子膨胀阀、电磁阀、各种传感器应采用高质量的产品。

（2）机组压缩机应具备时间均衡运转功能。压缩机能顺序启动，并能自动轮换，确保每个压缩机的运行时间保持均匀，延长使用寿命。压缩机、冷凝器风机配置的电动机均要求 F 级绝缘，IP55 密封防护等级，压缩机电动机更换周期应不少于 70 000 h。机组的各种阀门动作应灵敏、可靠，保证机组正常工作。机组制冷系统零部件的材料应能在制冷剂、润滑油及其混合物的作用下，不产生劣化且保证整机正常工作。机组各零部件的安装应牢固可靠，管路与零部件不应有相互摩擦和碰撞。机组整机设计寿命不少于 15 年，轴承、密封圈及转动部件使用寿命不低于 30 000 h，整机维修周期应不少于 30 000 h。铜管应采用品牌产品，且铜管壁厚应符合国家最低标准要求。

（3）机组室外机应具有静音运行模式的功能，机组在静音模式工况下，室外机噪声应≤60 dB（A）。

6. 变频多联空调机的控制方式

（1）机组室内机与室外机间的控制线以及与控制器的传输线的布置应满足集中控制的

功能。

（2）每台室内机应分别配置一个中文显示的有线控制器，其应具备以下功能：开关控制、风量调节、风向摆动选择、运行模式选择（自动、制冷、除湿、送风等）、温度设定、定时开关、过滤网清洗自动提示。

（3）可采用智能化空调集中控制。

7. 变频多联空调机的安全保护

（1）机组所采用的零部件应符合相应的安全规程、国家标准、行业标准及按规定程序批准的图样和技术文件的技术要求。机组机械应有足够的机械强度。

（2）机组应设置压缩机、电动机、风机电动机的过载、过热保护；压缩机电源缺相及过电流保护；制冷剂高压保护；油路保护；排气温度过高保护；电动机异常保护；冷却风机连锁保护；机组应装备有紧急停机装置。当机组出现过载或高、低压以及高、低温超过限值等故障时，应能立即停机并报警。

（3）机组的电气安全。在额定工况温度条件下，使电源电压在额定电压值10%的范围内变化运行1 h，安全保护机构不动作，无异常现象并能连续运转；机组绝缘电阻值应不低于1 MΩ；机组耐电压试验，应无击穿和闪络；机组启动电流值不应大于名义启动电流值的115%；接地装置要保证室外机组安装在室外的运行安全；机组在常规使用条件下，室外机在按规范要求进行淋水试验后，绝缘电阻、耐电压应符合规范的要求。

任务三　环控冷水机组的预防性维护

【任务分析】

正确的维护和及时的维修有利于保证水冷半封闭螺杆型冷水机组时刻处于最佳状态、保持最高效率、延长机组的寿命。维护指的是对机组的预防性保养，维修指的是对产生故障的机组所做的修理。地铁企业会安排专门的机组操作员进行机组的日常维护和定期维护。机组的维修工作应由有资格的维修机构进行。

小贴士：在机组保修期内不正确的维护而导致的机组维修将导致额外的费用支出。

机组维护保养工作最基础性的工作是每天以适当的时间间隔（如1 h）真实地记录机组的运行参数，填写机组运行参数表。真实且完整的运行参数记录有助于分析机组运行的可能发展趋势，有助于及时发现和预测机组可能要出现的问题，做到防患于未然。

例如，通过对一个月的操作记录的分析对比，可能会发现机组的冷凝温度与冷却水出水温度差值有不断增大的趋势，这种趋势说明冷却水可能较脏或硬度较高，冷凝器的管束正在不断结垢，需要对水进行软化处理或清洗管束。

小贴士：保存机组调试时正常运行的参数记录非常有用，可以用这个记录作为基准与以后的运行记录进行比较来发现问题的趋势。

【任务目标】

学会对冷水机组进行日常维护和定期维护。定期维护包括每周维护、每月维护、每季度维护、每半年维护、每年维护。

【实施步骤】

冷水机组典型故障的产生原因及排除方法见表3-1。

表3-1　冷水机组典型故障的产生原因及排除方法

序号	故障	产生原因	排除方法
1	机组没有供电压	1. 控制回路掉电； 2. 断路器打开； 3. 欠电压打开； 4. 水流开关触点不闭合； 5. 故障停机后没有复位； 6. 用户控制点没合上； 7. 机组不需制冷； 8. 时间表	1. 机组没有供电电压或主线路保险丝断； 2. 检查115 V变压器主供电电压和保险； 3. 断路器跳闸要检查压缩机有没有合开关，可直接合闸开机； 4. 查供电系统（相平衡、相序、缺相和保险丝）； 5. 启动水泵检查流量开关； 6. 检查报警原因，排除故障后复位开机； 7. 合上用户控制点； 8. 蒸发器出水温度在死区范围内； 9. 检查控制点时间表是否停用时间
2	压缩机过载	电流过高	检查压缩机线圈对地电阻，检查电压和启动电流、运行电流、控制排气压力
3	油温过高	1. 电动机线圈故障； 2. 电动机冷却不够； 3. 保险断开； 4. 机械故障	1. 查电动机线圈； 2. 检查回油和二次补气； 3. 检查线路，更换保险； 4. 检查压缩机
4	吸气压力低	1. 蒸发器供液量不足； 2. 蒸发器水流量不足； 3. 制冷剂不足； 4. 水侧结垢	1. 加大供液量； 2. 检查容器压降，检查供水系统（水泵过滤器等）； 3. 给机组检漏，加制冷工质测过冷度，调整供液量； 4. 在满负荷时测蒸发器传热温差值，比刚清洗时高1.1 ℃，要清洁管束
5	排气压力过高	1. 水流量不足； 2. 水侧结垢； 3. 冷却塔脏堵； 4. 冷布水器不转； 5. 冷却塔风机故障； 6. 维修后加氟过多或有不凝性气体	1. 检查水系统（包括水泵、管道、过滤器等）； 2. 在满负荷时测冷凝器传热温差值，比要求高1.1 ℃时，要清洁管束； 3. 检查冷却塔回水过滤器； 4. 检查布水器； 5. 检查冷却塔风机； 6. 在机组满负荷运行时，检查机组过冷度和给机组排空到放出气体为凉气（可多次排空）

续表

序号	故障	产生原因	排除方法
6	压缩机低油位	1. 供液过小； 2. 供液过大； 3. 二次补气回液； 4. 开机时吸排气压差过低，报警多次； 5. 排气压力过低、压差过小，回液不畅	1. 调整机组供液，保证吸气过热度和回油畅通，调整节能经济气压差，开机时要使排气压力迅速上升，保证压差建立，控制好排气压力和蒸发器液位； 2. 排气压力高、低可控制冷却塔风机的开停、旁通冷却水量的减少、旁通冷却塔冷热水的混合等
7	结冰报警	1. 运行设置点过低； 2. 加载速度不正确； 3. 水温传感器不正确	1. 检查冷冻水出水温度设置； 2. 检查加载速度，把速度控制在一个合理的范围内； 3. 校准水温传感器
8	机组卸载不稳定	1. 卸载机构调整不当； 2. 卸载设定速度不合适； 3. 卸载接线错误	1. 更新调整卸载机构； 2. 把卸载速度设定合理； 3. 检查接线，排除故障
9	传感器故障	传感器显示值超出范围	检查传感器，坏的予以更换
10	压缩机不运行	1. 电动机过载； 2. 启动后电流小于 20 A； 3. 没合上空气开关	1. 检查电动机，排除故障后复位开机； 2. 检查机组启动电流和显示电流并检查控制接线，校准电流值； 3. 合上空气开关
11	压缩机不能关机	1. 光耦故障； 2. 信号时间故障	1. 检查机组停机和数字量显示； 2. 检查信号时间数字 I/O 板
12	压缩机发出嗡嗡声，且不能正常运转	1. 缺相； 2. 启动器故障	1. 检查组线； 2. 检查触点
13	启动器反复动作，有时出现电动机高温报警	1. 一般为供电问题； 2. 欠电压故障	1. 检查供电电压； 2. 校准欠电压继电器保护值

1. 日常维护

（1）每天按规定的程序执行开机和停机顺序。

（2）按一定的时间间隔记录机组运行参数。

（3）机组开始运行 24 h 后对冷冻、冷却水过滤器清洗一遍。

（4）通过控制柜上压力表显示检查机组的蒸发器和冷凝器压力，根据压力温度对照表，检查蒸发温度和冷冻水出水温度的差值、冷凝温度和冷却水出水温度的差值。注意它们的变化趋势。蒸发压力读数一般应为 380～450 kPa，冷凝压力一般应为 1 300～1 500 kPa。温差值一般应为 1～3 ℃。

小贴士：冷凝压力和蒸发压力将随着冷却水进水温度和冷冻水出水温度的变化而

变化。

(5) 检查制冷剂过滤干燥器，如果发现过滤干燥器出口位置有结霜现象，则说明存在堵塞，这个现象通常伴随着蒸发压力过低以及蒸发温度与冷冻水出水温度的差值增大的现象。应注意及时更换制冷剂过滤干燥器。

(6) 检查油箱中的油位，正常的油位一般应在视镜的中部位置。如果发现油位有较大的下降，应及时添加冷冻油。

2. 定期维护

定期维护包括每周、每月、每季度、每半年、每年的维护保养。参照下述内容制订科学的定期维护计划并认真地予以执行，对预防问题的出现能够起到非常重要的作用。

1) 每周的维护

检查分析运行参数记录表。

2) 每月的维护

(1) 检查分析运行参数记录表。

(2) 检查电源接线的紧固螺栓有无松动。

(3) 检查机组各运动部件有无杂音，运行是否正常。

(4) 检查制冷系统的高、低压力值是否正常。

(5) 检查各电动机的运行电流、机组的绝缘电阻是否正常。

(6) 检查干燥过滤器及视镜是否正常，如过滤器出口结霜，表明过滤器脏堵，需清洁滤网，视镜有湿度显示（颜色变红），则需更换过滤器芯。

(7) 检查压缩机润滑油是否正常，如油位低于视镜的1/2，应添加润滑油；如有脏物或已变质，应更换润滑油，并清洗或更换油过滤器，同时更换干燥过滤器芯。

小贴士：为防止因接触运转部件或接触带电部位而导致人员伤亡，维护检查前应断开主电源并在开关位置悬挂明显的禁止合闸标志！添加或更换润滑油时必须确认冷冻油规格，更换未经确认的其他种类的冷冻油可能导致机组的损坏！

3) 每季度的维护

(1) 检查分析运行参数记录表。

(2) 检查压缩机油位。

(3) 清洁蒸发器和冷凝器水系统管路的过滤器。

(4) 在机组满负荷运行时检查制冷剂通过制冷剂过滤干燥器所产生的温降。

4) 每半年的维护

(1) 检查分析运行参数记录表。

(2) 对冷冻油进行理化分析，以便判断机组中制冷剂的含水量及酸度。

(3) 对控制柜、启动柜和电机的所有可能松动的电气接头进行紧固检查。

5) 每年的维护

(1) 检查分析运行参数记录表。

(2) 检查油位，对冷冻油进行理化分析，如果发现油已经乳化，应更换同牌号的冷冻油。

（3）必要时更换冷冻油过滤器。此检查应由维修人员进行。

（4）每年至少拆开一次安全阀出口的接管，仔细检查阀体，看其内部是否有腐蚀、生锈、结垢、泄漏等现象，若发现有腐蚀或泄漏，应更换安全阀。此检查应由维修人员进行。

（5）检定冷凝器高压开关的设定值，确保高压开关在1.8 MPa时动作。

（6）检查冷凝器管程的结垢程度。如果蒸发器连接开式系统，应一并检查。根据检查结果，可以确定清洗周期和水回路中水的处理是否适当，若发现结垢严重，应清洗管程。每年至少一次用旋转式清洗设备清洗传热管，如果水受到污染，清洗应更频繁。冷凝压力过高、机组制冷量不足通常是由于管内的结垢，或机组内有空气，对照冷却水出水温度以及冷凝器制冷剂温度，如果两者差值大于6 ℃，冷凝管可能结垢。

小贴士：在传热管清洗过程中，应使用专门的刷子，避免划伤和刮破管壁，不可用线刷。

（7）检测压缩机电机绕组间及绕组对地的绝缘电阻。此检查应由维修人员进行。

6）每三年的维修

除前述每年的维护检查内容外，对机组进行一次全面的检查。特别是检查压缩机的振动情况，确保压缩机内部各部件状况良好；对机组进行气密性检查，检查换热铜管是否有泄漏；有必要时对压力容器主要焊缝（蒸发器和冷凝器筒体纵缝及环缝）进行无损检测，以确保使用安全；对电气操作及安全控制进行检查，确保各电气部件状况良好。

小贴士：针对机组的使用场合，有时这种每三年的维修检查可能有必要缩短。特别是对因机组停机而可能造成严重损失或产生安全问题的应用场合，比如工艺流程用空调领域。

环控冷水系统各种常用设备的维修周期与工作内容见表3-2。

表3-2 环控冷水系统各种常用设备的维修周期与工作内容

序 号	设 备	修 程	维修工作内容	周 期
1	冷水机组	日常巡视	启动柜及控制箱内、外的检查及清扫	每周
			制冷系统泄漏检查	
			主机及周围环境清扫	
			运行参数的检查	
			检查主机运行情况是否正常（噪声及振动情况等）	
		月检查	同日常巡视全部内容	每月
			启动柜或控制箱内接触器的检查或更换	
			电源线接点松脱检查	
			温度、压力传感器的校验或更换	
			水流开关的检验	
			电气安全性能检查	

续表

序号	设备	修程	维修工作内容	周期
1	冷水机组	季小修	同月检查全部内容	每季
			安全阀的检查或更换	
			各控制元件的检查或更换	
			添加制冷剂	
			开关柜触点打磨（必要时）	
		年维修	同季小修全部内容	每年
			控制程序测试	
			添加冷冻机油	
			冷冻机油的化验或更换	
			油过滤器的清洁或更换	
			导叶阀（调节马达）的检验	
			机组表面防锈处理	
			热交换器的内部清洁	
			机组的主件测试或更换	必要时
2	水泵	日常巡视	水泵及周围环境的清洁	每周
			润滑油位的检查或添加	
			噪声及振动情况检查，电动机温升检查	
			泄漏情况检查	
			控制箱的检查	
		月检查	同日常巡视全部内容	每月
			润滑油的更换	
			检查与调整联轴器的同轴度与轴向间隙	
			检查地脚螺栓的紧固	
		季小修	同月检查全部内容	每季
			机械密封件、缓冲胶的检查或更换	
			检查泵叶轮、泵轴等内部零件的磨损情况	
			检查并调整叶轮密封环、轴套、压盖、轴封等部件的间隙	
			检查轴承的磨损情况及更换润滑油	
		年维修	同季小修全部内容	每年
			检查更换叶轮（必要时）	
			检查更换泵轴（必要时）	
			检查更换泵体（必要时）	
			表面防锈处理	

续表

序 号	设 备	修 程	维修工作内容	周 期
3	冷却塔	日常巡视	控制箱的检查	每周
			接水盘及洒水盘的清洁	
			补水浮球的检查	
			检查冷却塔风路是否畅通，风机运转是否正常	
		月检查	同日常巡视全部内容	每月
			填料的清洁与加固	
			风机皮带松紧度检查与调整或更换	
			补水浮球阀的更换或调整	
			电器安全性能检查	
			冷却塔周围环境的清洁	
		季小修	同月检查全部内容	每季
			接水盘补漏	
			冷却风扇的更换或修理	
			电动机的检查和更换	
			钢索的检查和更换	
		年维修	同季小修全部内容	每年
			填料的更换	
			外表框架的防锈处理	
			塔体结构的加固	
			轴承的检查或更换	
			补水管、溢流管的防锈	
4	电子水处理器	日常巡视	保持周围环境干净	每周
		月检查	同日常巡视全部内容	每月
			清洁过滤器中的杂物和水垢	
		季小修	同月检查全部内容	每季
			更换线路板	必要时
		年维修	同季小修全部内容	每年
			更换电极	必要时
5	水阀	日常巡视	检查阀的开闭是否正常	每周
			检查是否泄漏	
			能否正常开闭	
		月检查	同日常巡视全部内容	每月
			传动螺杆的润滑	
			操作手柄或电动执行器的调校	
			电器安全性能检查	

续表

序号	设备	修程	维修工作内容	周期
5	水阀	季小修	同月检查全部内容	每季
			执行器磨损齿轮的更换	
			执行器电动机的修理或更换	
			执行器内部控制电路检查	
		年维修	同季小修全部内容	每年
			更换阀体或密封件	
			外部防锈处理	必要时
6	水系统管路	日常巡视	检查是否泄漏	每周
			保温是否严密	
		月检查	同日常巡视全部内容	每月
			清除Y形过滤器中的杂物	
		季小修	同月检查全部内容	每季
			更换Y形过滤器过滤网	
			修补或更换保温棉	必要时
			水流开关的检查及更换	
		年维修	同季小修全部内容	每年
			水系统加药清洗、保护	
			管路水箱补漏	
			外表防锈处理	必要时
7	风系统管路	日常巡视	是否有泄漏	每周
			保温是否良好	
			是否有异常振动	
		月检查	同日常巡视全部内容	每月
			修补或更换保温棉	
			风管内部清扫	
			风口、散流器清洁	

◆ 知识拓展——环控冷水系统常见故障及处理方法

1. 高压故障

压缩机排气压力过高，导致高压保护继电器动作。压缩机排气压力反映的是冷凝压力，正常值应在 1.4~1.6 MPa，保护值设定为 2.0 MPa。若是长期压力过高，会导致压缩机运行电流过大，易烧电动机，还易造成压缩机排气口阀片损坏。产生高压故障的原因如下：

1）冷却水温偏高，冷凝效果不良

冷水机组要求的冷却水额定工况为 30~35 ℃，水温高，散热不良，必然导致冷凝压力高，这种现象往往发生在高温季节。造成水温高的原因可能是：冷却塔故障，如风机未开甚至反转，布水器不转，表现为冷却水温度很高，而且快速升高；外界气温高，水路短，可循环的水量少，这种情况冷却水温度一般维持在较高的水平，可以采取增加储水池的办法予以解决。

2）冷却水流量不足，达不到额定水流量

主要表现是机组进出水压力差变小（与系统投入运行之初的压力差相比），温差变大。造成水流量不足的原因是系统缺水或存有空气，解决办法是在管道高处安装排气阀进行排气；管道过滤器堵塞或选用过细，透水能力受限，应选用合适的过滤器并定期清理过滤网；水泵选用较小，与系统不配套，应选用较大的水泵，或启用备用水泵。

3）冷凝器结垢或堵塞

冷凝水一般用自来水，30 ℃以上时很容易结垢，而且由于冷却塔是开式的，直接暴露在空气中，灰尘、异物很容易进入冷却水系统，造成冷凝器脏堵，换热面积小，效率低，而且也影响水流量。其表现是机组进出水压力差、温差变大，用手摸冷凝器上下温度都很高，冷凝器出液铜管烫手。应定期对机组进行反冲洗，必要时进行化学清洗除垢。

4）制冷剂充注过多

这种情况一般发生在维修之后，表现为吸排气压力、平衡压力都偏高，压缩机运行电流也偏高。应在额定工况下根据吸、排气压力和平衡压力以及运行电流放气，直至正常。

5）制冷剂内混有空气、氮气等不凝结气体

这种情况一般发生在维修后，抽真空不彻底。只能排掉，重新抽真空，重新充注制冷剂。

6）电气故障引起的误报

由于高压保护继电器受潮、接触不良或损坏，单元电子板受潮或损坏，通信故障引起误报。这种假故障，往往电子板上的HP故障指示灯不亮或微亮，高压保护继电器手动复位无效，测压缩机运行电流正常，吸排气压力也正常。

2. 低压故障

压缩机吸气压力过低，导致低压保护继电器动作。压缩机吸气压力反映的是蒸发压力，正常值应为0.4~0.6 MPa，吸气压力低，则回气量少，制冷量不足，造成电能的浪费；对于回气冷却的压缩机马达散热不良，易损坏电动机。产生低压故障的原因如下：

1）制冷剂不足或泄漏

若是制冷剂不足，只是部分泄漏，则停机时平衡压力可能较高，而开机后吸气压力较低，排气压力也较低，压缩机运行电流较小，运行时间较短即报低压故障。

还有一种可能是制冷剂足够，但膨胀阀开启度过小或堵塞（或制冷剂管路不畅通），也可能造成低压故障。这种情况往往平衡压力较高，但运行时吸气压力很低，排气压力很高，压缩机运行电流也很大，同时阀温也很低，膨胀阀结霜，停机后压力很长时间才能恢复平衡。

这种情况一般发生在低温期运行或每年的运行初期，运行一段时间后可恢复正常。

2）冷媒水流量不足

冷媒水流量不足，吸收的热量少，制冷剂蒸发效果差，而且是过冷过饱和蒸汽，易产生湿压缩，表现为机组进出水压力差变小，温差变大，吸气温度低，吸气口有结霜现象。造成水流量不足的原因是系统内存有空气或缺水，解决办法是在管道高处安装排气阀进行排气；管道过滤器堵塞或选用过细，透水能力受限，应选用合适的过滤器并定期清理过滤网；水泵选用较小，与系统不配套，应选用较大的水泵，或启用备用水泵。

3）蒸发器堵塞

蒸发器堵塞，换热不良，制冷剂不能蒸发，其危害与缺水一样，不同的是表现为进出水压力差变大，吸气口也会出现结霜，因此应定期对机组进行反冲洗。

4）电气故障引起误报

由于低压保护继电器受潮短路、接触不良或损坏，单元电子板受潮或损坏单元，通信故障引起的误报。

5）冷却水温度很低

外界气温较低，冷却水温度很低时开机运行，也会发生低压故障；机组运行时，由于没有足够的预热，冷冻油温度低冷，制冷剂没有充分分离，也会发生低压故障。对于前一种情况，可以采取关闭冷却塔，节流冷却水等措施，以提高冷却水温度。对于后一种情况，则延长预热时间，冷冻油温度回升后一般可恢复正常。

3. 低阀温故障

膨胀阀出口温度反映的是蒸发温度，是影响换热的一个因素，一般它与冷媒水出水温度差 5~6 ℃。当发生低阀温故障时，压缩机会停机，当阀温回升后，自动恢复运行。产生低阀温故障的原因如下：

1）制冷剂少量泄漏

制冷剂少量泄漏，一般表现为低阀温故障而不是低压故障。制冷剂不足，在膨胀阀出口处即蒸发，造成降温，表现为膨胀阀出口出现结霜，同时吸气口温度较高（过热蒸汽），制冷量下降，降温慢。

2）膨胀阀堵塞或开启度太小

膨胀阀堵塞或开启度太小，系统不干净，如维修后制冷剂管路未清理干净，制冷剂不纯或含水分。

3）冷媒水流量不足或蒸发器堵塞

冷媒水流量不足或蒸发器堵塞，换热不良，造成蒸发温度低，吸气温度也低，而膨胀阀的开度是根据吸气温度来调节的，温度低则开度小，从而造成低阀温故障。

4）电气故障引起的误报

电气故障引起的误报，如阀温线接触不良，导致计算机显示 5 ℃ 不变。

4. 压缩机过热故障

压缩机马达绕组内嵌有热敏电阻机，阻值一般为 1 kΩ。绕组过热时，阻值会迅速增大，超过 141 kΩ 时，热保护模块 SSM 动作，切断机组运行，同时显示过热故障，故障指示灯亮。产生压缩机过热故障的原因如下：

1）压缩机负荷过大，过电流运行

可能的原因是：冷却水温太高、制冷剂充注过多或制冷系统内有空气等不凝结气体，导致压缩机负荷大，表现为过电流，并伴有高压故障。

2）电气故障造成的压缩机过电流运行

如三相电源电压过低或三相不平衡，导致电流或某一相电流过大；交流接触器损坏，触点烧蚀，造成接触电流过大或因缺相而电流过大。

3) 器件损坏

过热保护模块 SSM 受潮或损坏，中间继电器损坏，触点不良，表现为开机即出现过热故障，压缩机不能启动。如果单元电子板故障或通信故障，也可能假报过热故障。

5. 通信故障

计算机控制器对各个模块的控制是通过通信线和总接口板来实现的，造成通信故障的主要原因是通信线路接触不良或断路，特别是接口受潮氧化造成接触不良。另外，单元电子板或总接口板故障、地址拨码开关选择不当、电源故障都可造成通信故障。

项目小结

1. 冷水系统是为空调大系统和空调小系统提供冷源的系统，即为车站公共区、车站管理及设备用房空调器提供冷源，冷源即冷冻水，由冷水机组、水泵、冷却塔、水阀与管路等设备组成。

2. 冷水系统可以看成由制冷剂循环系统、冷却水循环系统、冷冻水循环系统三部分组成，这三部分各自独立工作，又相互联系。

3. 集中供冷系统是采用集中制冷、分散供冷方式，集中设置冷冻机房，通过敷设冷冻水管，依靠二次泵将冷冻水送至各相关站点的空调系统。

4. 轨道交通集中供冷是指将相邻 3~5 个车站的空调的冷冻水汇集到某一处，进行集中处理，冷冻水再由二次冷冻水泵和管路长距离输送到各车站，以满足车站所需的冷量。地铁集中供冷系统由冷冻水环路和冷却水环路组成。

5. 地铁通风空调工程冷水机组是为地铁车站空调大、小系统提供冷源的设备。冷水机组为空调箱提供冷源，通过冷冻水进入空调箱的制冷盘管，与空气接触，提供冷量。经过换热的冷冻水回流到冷水机组与制冷剂交换热量进行冷却。

6. 逆流型冷却塔是水自上而下，空气自下而上，两者流向相反的一种冷却塔，横流型冷却塔是水自上而下，空气自塔外水平流向塔内，两者流向呈垂直正交的一种冷却塔。冷却塔中冷却水的流动方向为进水管（35 ℃）—洒水盆—两边填料—集水盆（30 ℃）—排水管。冷空气的流动方向为冷却塔外部—两边填料—冷却塔内—风扇排出。

7. 地铁通风空调工程水泵是为空调输送冷冻水、冷冻回水、冷却水的设备，主要是离心式水泵，由泵体、叶轮、轴和轴承等组成。

8. 冷冻水系统，相应的能量提升泵就叫作冷冻水泵，主要用来提升压力，供应末端使用冷冻水。冷却水系统，相应的能量提升泵叫作冷却水泵，主要用来保证冷却水系统循环畅通，保证流量使用。

9. 分集水器是一种利用一定长度、直径较粗的短管，焊上多根并联接管接口而形成的并联接管设备。它的目的：一是便于连接通向各个并联环路的管道；二是均衡压力，使汇集在一起的各个环路具有相同的起始压力或终端压力，确保流量分配均匀。

练习与思考

一、单选题

1. 下列装置，哪个不是冷冻水一次环路组成？（　　）
   A. 冷冻水一次泵　　　　　　　B. 冷水机组
   C. 冷冻水二次泵　　　　　　　D. 冷冻水定压系统

2. 下列哪个不属于车站末端设备？（　　）
   A. 组合式空调器　　　　　　　B. 风机盘管
   C. 温度传感器　　　　　　　　D. 车速传感

3. 下列哪些要求不是对水泵中叶轮的要求？（　　）
   A. 叶轮制造材料应为青铜或不锈钢
   B. 叶轮应加以固定以防止其按指定方向旋转时沿周向和轴向移动
   C. 叶片的设计应减少噪声
   D. 电源额定电压为 380 V/50 Hz

二、多选题

1. 集中供冷系统具有（　　）特点。
   A. 减小了地铁建设与环保、规划的协调工作量，减少了市民投诉
   B. 长距离输送冷冻水，输送能耗占总能耗的比率高
   C. 集中冷站便于将冷负荷集中，选用制冷能力大的设备，提高设备使用效率
   D. 集中冷站可以利用天然冷源冷却

2. 冷冻水二次环路由（　　）等组成。
   A. 二次冷冻水泵　　　　　　　B. 变频器
   C. 管网　　　　　　　　　　　D. 机械磨损

3. 常用的冷水机组有（　　）。
   A. 无杆式冷水机组　　　　　　B. 螺杆式冷水机组
   C. 节气门式冷水机组　　　　　D. 离心式冷水机组

4. 变频多联空调机整体结构要求有（　　）。
   A. 室外机应具有以下保护装置：高压开关、保险丝、易熔塞、过电流保护器、定时保护器等，并带有防盗设施
   B. 机组的黑色金属制件表面应进行防锈蚀处理
   C. 机组电镀件表面应光滑、色泽均匀，不得有剥落、针孔，不应有明显的花斑和划伤等缺陷

D. 每台室内机应分别配置一个中文显示的有线控制器

三、填空题

1. 制冷剂在冷水机组里循环，经过制冷机组中的（　　　　）时温度升高，经过（　　　　）时，用冷却水将温度降下来，制冷剂被降到（　　　　）的温度后，经过膨胀阀，温度变得更低，再进入（　　　　），用冷冻水将冷量带走，温度上升后的制冷剂再进入制冷机组，构成循环。

2. 压缩机是制冷系统的动力装置，起（　　　　）和（　　　　）制冷剂蒸气的作用，促使制冷剂沿箭头方向不断循环流动。经过压缩机的（　　　　）作用，蒸发器里的制冷剂蒸气压力（　　　　），冷凝器里的制冷剂蒸气压力（　　　　）。

四、简答题

1. 简述离心式水泵的工作原理。
2. 简述变频多联空调机的工作原理。

第4章 给排水系统

学习目标

了解给排水系统的整体组成。
了解给水系统的水源及给排水管道布置。
掌握轨道交通车站给水系统的组成、分类、用水设备、用水量及特点。
掌握轨道交通车站排水系统的组成、特点及排除方式。
掌握轨道交通车辆段给水系统的组成、分类及特点。
掌握轨道交通车辆段排水系统的组成及功能。
了解人防给排水系统的组成及功能。
学会对车站及车辆段给排水系统进行运行管理。
学会对主要设备进行维修、对系统进行故障分析与处理。

学习要求

能力目标	知识要点	权重
认识车站给排水设备,能描述车站给排水系统的组成及功能	车站给排水系统的组成及功能,用水设备构成,水源,排水管道布置,车站废水的组成、特点及排除方式	25%
认识车辆段给排水设备,能描述车辆段给排水系统的组成及功能	车辆段给排水系统的组成及功能,用水设备构成,车辆段废水的组成、特点及排除方式	25%
认识人防给排水设备,能描述人防给排水系统的组成及功能	消防给排水系统的组成及功能,用水设备构成,消防废水的组成、特点及排除方式	10%
会对车站及车辆段给排水系统进行运行管理,会对主要设备进行维修,会对系统进行故障分析与处理	给排水系统运行管理的原则、内容及流程 给排水系统主要设备的维修方法 给排水系统故障分析与处理方法	40%

4.1 给排水系统概述

水是城市轨道交通运营的必需资源之一，而给排水系统是城市轨道交通重要的组成部分。给排水系统是车站及车辆段生产、生活和消防及人防用水对水量、水质和水压的要求，保证车站和车辆段给排水畅通，为轨道交通安全运营提供服务。同时对车站和车辆段内的生活污水和生产污水进行收集和处理，达到排放标准。

城市轨道交通的车站及车辆段给排水系统是轨道交通机电设备系统的重要组成部分，主要由给水系统和排水系统两部分组成，如图4-1所示。其中给水系统主要由生活给水系统、生产给水系统和水消防给水系统组成，排水系统则包括污水系统、废水系统和雨水系统。对于不能直接排放入城市污水系统或没有城市污水系统可接入区域的，应设置污水处理装置。

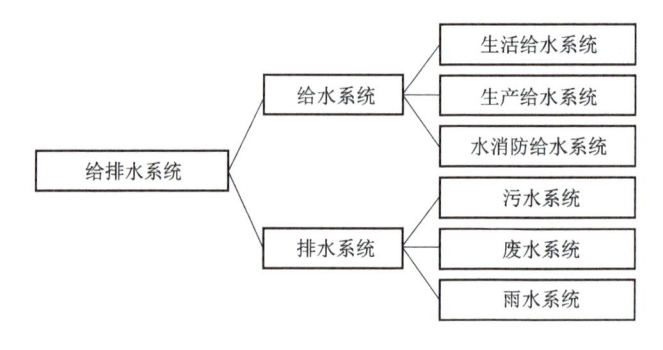

图4-1 给排水系统的组成

4.2 车站给排水系统

车站由于其运营及管理的需要，因此包含了给排水专业所涉及的绝大多数系统，繁多的系统为设计、管理带来一定的困难。尤其是在地铁车站中，给排水系统较为复杂。其主要特点就是系统多、设备分散、管理复杂。

4.2.1 车站给水系统

城市轨道交通车站给水系统的主要任务是满足生产、生活用水，消防用水，人防用水的需求。车站生产用水的构成如图4-2所示，包括车站公共区域地坪等冲洗用水、车站设备用房洗涤盆用水、车站冲洗用水、空调冷冻机的循环水、冷却循环水系统的补充水。生活用水主要指车站工作人员使用的卫生间、茶水间等用水。消防用水主要指消火栓用水。人防用水指城市轨道交通工程除在平常作为重要的交通枢纽外，作为地下工程还兼有人防工程的特点，在战时可作为人员掩蔽的场所，在给水工程中也应考虑到相应的人防要求。

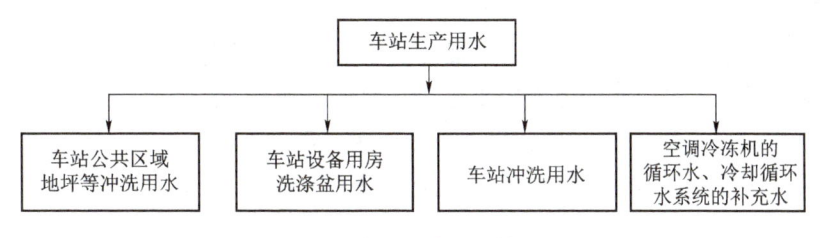

图 4-2　车站生产用水的构成

1. 水源

城市轨道交通车站一般分布在城区，周围有完善的市政给水管网，车站给水系统采用城市自来水作为供水水源，在车站两端的风亭处，分别用两条进水管将城市自来水引进车站，并在引入管上加设电动和手动蝶阀，进水管管径为 DN150～DN200 mm，与城市自来水的接管点处水压要求不低于 0.2 MPa。手动蝶阀平时开启，两条给水引入管上的电动蝶阀及隧道两端的消防电动蝶阀由车站控制室 BAS 实行监控，两条引入管互为备用，进站前设置水表和水表井，每条进水管水表前设置室外消火栓和水泵接合器。

生产、生活和消防采用分开的直接给水方式，由城市自来水引入水管接生产、生活及消防水管。生活和生产给水在站内采用枝状或环状管网，消防给水在站内采用环状管网。

2. 进出车站的给排水管道布置

（1）给排水管道不能穿过连续墙，宜在出入口或风井部位布置，因轨道交通车站连续墙厚度近 1 m，预留空洞会给结构工程带来不便。

（2）给水管道严禁跨越通信和电器设备用房。

（3）给水干管最低处设置泄水阀，最高处设置排气阀，排气阀一般设于设备用房端部没有吊顶的部位。

（4）给水干管穿越沉降缝处，宜设置波纹伸缩器。

（5）由于生产、生活给水管一般采用塑料管材，塑料管材的线胀系数大，轨道交通车站站厅、站台层长度一般在 100 m 以上，管线布置时要有效地减少或克服管道线性变化值。在可能暗敷的场所尽量采用暗敷的安装方式，管道直线长度大于 20 m 时应采取补偿管道涨缩的措施，支管与干管、支管与设备的连接应利用管道折角自然补偿管道的伸缩。当不能利用自然补偿或补偿器时，管道支架均应为固定支架。管道支架不仅起固定管线的作用，还要求能承受管线因线性膨胀而产生的膨胀力，其间距应比传统的镀锌钢管小得多。

（6）地下区间给水干管的布置，当为接触轨供电时，应设在接触轨的对侧；当为架空接触网供电时，可设在隧道行车方向的任一侧，管道和消火栓的位置不得侵入设备限界。

3. 用水量标准

1）生活给水

地铁车站生活给水主要用于卫生间（公共卫生间及内部卫生间）给水、车站人员饮用水等，通常其用水定额如下：

（1）车站工作人员的生活用水定额为 50 L/（人·班），每小时变化系数为 2.5；

（2）车站乘客的生活用水定额为 6 L/（人·天），每小时变化系数为 1.5。

2）生产给水

地铁车站生产给水主要包括公共区地面冲洗用水、循环冷却水补水、通风空调大小系统机房清洗用水、污废水泵房冲洗地面用水等，其用水定额如下：

（1）冲洗水量按每次 3 L/m^2 计，每天冲洗 1 次，每次 1 h。

（2）冷却、冷冻系统补水按循环水量的 2%~3% 计。

（3）其余各处工艺用水点按照各专业要求配置。

3）消防给水

（1）地下车站的消火栓用水量按 20 L/s 计算。

（2）地下人行通道的消火栓用水量按 10 L/s 计算。

（3）消防按同一时间发生一次火灾计，火灾延续时间为 2 h。

（4）消火栓的布置应保证有两只水枪的充实水柱同时到达室内任何部位，每股水柱不小于 5 L/s。

4. 生产、生活给水系统的组成

我国各地地铁的发展状况及运营要求各不相同，在给水系统的设置上略有区别，但其核心系统基本一致，一般由引入管、给水管道、给水附件、用水设备等组成。

1）引入管

一般将从市政给水管网上接管点引至车站室外埋地管段为引入管。给水引入管一般和消防给水引入管结合设置，一般规模的地铁车站其生产、生活给水引入管通常为 DN80~DN100 mm，经水表井后由风亭或者出入口等引入车站。

2）给水管道

给水管道包括干管、立管、支管和分支管，用于输送和分配用水。目前地铁给水管道管材的选择较多，选择时需满足国家及当地有关部门对管材的最新要求。目前通常室内给水管采用防腐蚀、满足强度及水质要求的衬塑钢管等，小于 DN100 mm 的采用螺纹连接，大于或等于 DN100 mm 时采用法兰连接；与设备、阀门、水表、水嘴等连接时，采用相匹配的专用管件或过渡接头；室外埋地生活给水管一般采用球墨铸铁管，胶圈承插接口。

3）给水附件

目前地铁车站内部给水系统常用的给水附件包括常用的阀门、管件、水表等。阀门等需要操作的给水附件的选择及安装除考虑满足使用要求外，还要根据地铁空间及管线路由情况，选择适当的安装位置，尽量放置在便于使用、检修的位置，在设备区、走廊等管线密集位置，尽量减少阀门等的设置。

通常管径小于或等于 DN50 mm 的采用全铜质截止阀，大于 DN50 mm 的采用闸阀或者双偏心蝶阀，分别如图 4-3 和图 4-4 所示。

一般根据地铁公司运营的需要，通常在生产、生活给水引入管以及各用水点均设置水表计量，根据各地具体运营管理的要求不同，一般在引入管、卫生间用水管、冷冻站补水管以及冷却塔补水管等处设置远传水表，水量信息直接传至车站 BAS。地铁车站普通水表如图 4-5 所示，地铁车站远传水表如图 4-6 所示。

图 4-3　地铁车站给水管道阀门（截止阀） 　　　　图 4-4　地铁车站给水管道阀门（闸阀）

图 4-5　地铁车站普通水表 　　　　　　　　　　图 4-6　地铁车站远传水表

目前根据部分城市的运营经验，车站附近市政自来水管网供水压力变化波动较大。如北京市政自来水部门供水的最低保证压力为 0.18 MPa，但实际其供水压力通常大于该值，且一天内变化较大，导致用水点供水压力不稳定，影响使用。目前有地区在给水引入管后设置可调式减压阀，对控制给水系统压力有一定的效果。

4）用水设备

车站内部用水设备包括卫生间卫生器具、开水间开水器、各机房用水点水龙头以及车站冲洗水栓等。对于用水设备的选用与普通公共建筑类似，保证安全、卫生、节能环保，选用非接触式和节水型卫生设备，卫生洁具及其五金配件必须符合《节水型生活卫生器具标准》的要求。冲洗水栓一般设置在站台层公共区两端的冲洗水栓箱内，用于站台层地面的冲洗。地铁车站冲洗水栓结构如图 4-7 所示。

图 4-7　地铁车站冲洗水栓结构

5. 消防给水系统的组成

车站的消防给水主要供给车站及相邻区间的消防用水。消防给水系统由水源（城市自来水）、消防地栓、水泵结合器、消防水泵、管道、阀门、消火栓（喷头）、水流指示器等组成。

消防地栓为消防车提供水源，根据环境条件，可分为地上式、地下式和墙壁式。水泵结合器的一端由室内消火栓给水管网引至室外，另一端井口可供消防车或移动水泵站加压向室

101

内管网供水，在断电或消防水泵故障时能保证车站消防给水，与室外消防地栓的距离为 15~40 m。

车站站厅、站台、区间隧道和设备区域均按规范设置具有手动报警按钮和电话插孔的消防栓箱。站厅、站台及通道的消防栓箱内放置两个 DN65 mm 单头单阀消火栓，两盘 25 m 长的水龙带，两支 DN19 mm 多功能水枪，一套 DN25 mm 自救式软管卷盘。

车站设备区域的消火栓箱内放置一个 DN65 mm 单头单阀消火栓，一盘 25 m 长的水龙带，一支 DN19 mm 多功能水枪和一套 DN25 mm 自救式软管卷盘。

区间隧道每隔 50 m 距离设置一个消防箱，箱内放置两个 DN65 mm 单头单阀消火栓，两盘 25 m 长的水龙带，一支 DN19 mm 多功能水枪，或每隔 50 m 设一个消火栓头，隧道两端各设两个 900 mm×600 mm×240 mm 的消防器材箱，里面装有 25 m 长的水龙带及 DN19 mm 多功能水枪等消防器材。

消防给水系统的管网压力能满足消防水压、水量要求时，不另设加压系统；否则，需设消防水泵进行加压。车站的消防干管布置成环状，并与区间消防管网连接。按消防要求，车站两条与市政供水管网连接的引水管上设闸阀，水表前设室外消火栓。区间消防管端头设电动蝶阀和手动蝶阀旁路，平时电动蝶阀关闭，手动蝶阀开启 2%，一旦区间发生火灾，BUS 开启电动蝶阀，保证区间消防水压、水量。

（1）站厅层、设备区及人行通道采用单口单阀消火栓，间距不大于 30 m；站台层公共区采用双口双阀消火栓，消火栓间距为 40~50 m。

（2）区间隧道内每隔 50 m 设置一个 DN65 mm 双头消火栓，只设消火栓口，不设消火栓箱。并在车站站台端部适当位置各设置两套消防器材箱（内设消防水龙带及水枪），供区间消防使用。

（3）在车站两端站顶地面风亭附近靠近道路一侧，各设置一套地上式消防水泵接合器，并在地面引入管距离消防水泵接合器 40 m 范围内，总接入管水表井前各设置一个与其供水量相当的地上式室外消火栓。室外消防利用市政现有的消火栓设施。

（4）为了避免公共区的消火栓凸出墙面，消火栓箱及支管暗敷于墙内；人行通道则在侧壁上预留足够安装消火栓及支管的凹位。

6. 车站生产、生活给水系统的控制要求及与其他专业接口

车站生产、生活水系统的显示及控制要求较少，若设置远传水表，则需要与 BAS 等专业配合，需要将水表的信息上传至车站 BAS。通风机房、冷冻站等处冲洗装置的位置及用水量与通风等专业协调设置，便于使用。

4.2.2 车站排水系统

车站排水系统的主要任务是及时排除生产废水、生活污水、隧道结构渗漏水、事故消防废水及敞开式出入口和风亭部分的雨水等，以满足城市轨道交通安全运营的需要。

车站排水系统位于给排水系统的最末端，其功能为对车站内部一切污废水进行接收、汇集、排放，主要包括排水装置、收集管道、排放装置等。排水系统设备结构示意图如图 4-8 所示。

1. 排水系统分类

排水系统可分为污水系统、雨水系统和废水系统。

资源4-1 排水系统设备运行

图4-8 排水系统设备结构示意图

1）废水系统

废水包括消防废水，站厅、站台地面冲洗废水，环控机房和各类排水泵房洗涤池排水，事故排水，结构渗漏水等。

2）污水系统

污水主要指车站内卫生间及开水间生活污水。现在大部分城市轨道交通车站都设置了公共卫生间，所以要考虑乘客生活排水量。

3）雨水系统

在隧道洞口、车站露天出入口及敞开式风亭处，当雨水不能自流排除时，宜单独设置排水泵房。

此外，在折返线车辆检修坑端部、出入口和局部自流排水有困难的场合需设置局部排水泵房。

2. 排水量标准

（1）工作人员生活排水量按生活用水量的95%计算。

（2）生产用水排水量按工艺要求确定。

(3) 冲洗、消防废水量与用水量相同，结构渗漏水量为 1 L/（m²·天）——上海标准。

3. 车站废水排水系统

以地铁站为例，地铁车站位于地下，因此车站内部的所有废水均需要经提升后排出车站，这些废水包括结构渗漏水、冲洗地面废水、消防废水、自动扶梯下基坑等低洼处的积水、电缆隧道最低点的积水等。这些废水通过地漏、管道、排水沟等汇集到车站废水泵房，经废水泵提升，其中消防废水水量最大，是决定废水泵房规模的主要因素，此外在南方等地下水丰富的地区，结构渗漏水水量也较大。

1) 车站废水系统的组成及特点

车站废水系统的组成比较复杂，车站的废水排水点比较分散，在排水点的设置方面，通常要考虑以下因素：

（1）给水点周围考虑相匹配的排水点，公共区要适当设置地漏。车站冲洗地面等的排水一般通过地漏引至道床排水沟排除，除在冲洗水栓周围设置地漏外，根据各地运营管理的要求不同，在站厅层、站台层公共区等每隔 30~40 m 沿边墙设排水地漏。

（2）有排水需求的设备周围设置排水点，考虑设备的排水、泄水等。车站有排水需求的设备主要集中在消防泵房、污水泵房、废水泵房、风道内通风系统表冷器、通风大小系统机房、冷冻站等。一般在其排水设备周围设置排水沟（排水沟规格由排水量确定，一般沟深不小于 100 mm，坡度不小于 0.5‰），在排水沟终点设置地漏，利用地漏将废水引至道床排水沟并最终汇入废水泵房。当无法将废水引入废水泵房时，则设置局部小型提升泵坑。图 4-9 和图 4-10 所示分别为冷冻站内冷却泵旁的排水沟和污水泵房内污水泵旁的排水沟。

图 4-9 冷冻站内冷却泵旁的排水沟

图 4-10 污水泵房内污水泵旁的排水沟

(3) 车站的局部低点应考虑适当的排水方式。车站的过轨电缆通道等处，虽然没有常规的排水要求，但由于处于车站的局部低点，因此也要考虑其积水的排除。此部分积水通常水量很小，因此不需要设置固定的排水设备，可仅考虑临时的排水设施。一般在车站的此类场所，设置 700 mm×700 mm×700 mm 的集水坑，并在坑边设置电源插座，当坑内积水较多时，利用小型手提式潜水泵排至附近固定式排水点或道床排水沟。

(4) 消防废水的排除。车站的消防废水是车站排水的重要一环，因此在车站的各处均应该为消防废水考虑适当合理的排水设施和排水出路。这些排水设施可以与常规的排水点公用，也可单独设置。

(5) 结构渗漏水的排除。

我国南方地下水较多，车站结构渗漏水水量大。设备区离壁墙内设置排水沟，沟内每隔 30~40 m 设置排水地漏，将结构渗漏水引至道床排水沟。

2) 车站废水泵房

车站废水泵房设置在车站的线路最低点，结构渗水、站厅、站台冲洗和消防废水沿线路排水沟，经横截沟排至集水池。泵房内设两台排水泵，根据液位要求分别启动使用。

地铁常用的废水排水泵主要有立式排水泵和潜水排水泵两种。立式排水泵电动机不浸没在水中，电动机维修方便，但其水泵尺寸较大，运输、安装不便，立式排水泵废水泵房布置如图 4-11 所示；潜水排污泵体积小，安装、运输方便，其缺点是水泵维修时需将水泵从水池中提出，维修不便。目前国内城市中，北京地铁车站废水泵房采用立式排水泵，其余城市均采用潜水排水泵。

图 4-11 立式排水泵废水泵房布置

水泵流量的选择根据车站废水水量确定，车站消防废水远大于其余废水水量，一般可近似根据消防废水水量来选择水泵流量。不带喷淋系统的车站消防水量一般为 20 L/s（72 m³/h），因此车站废水泵单台水泵的流量一般选择 40~450 m³/s。带喷淋系统的车站，废水量还应考虑喷淋水量。水泵的扬程根据各站的具体情况计算求得，通常为 30 m 左右。

根据地铁设计规范，废水泵站集水池的有效容积按不小于最大一台泵的 15 min 的流量计算。一般废水池容积在 15 m³ 左右。水池内通常设置超声波或压差液位计检测水池液位，控制水泵运行，一般设置低液位报警水位、停泵水位、1 泵启泵水位、2 泵启泵水位、高液位报警水位，一般情况下单泵交替运行，水量大时，双泵同时运行。废水泵房内设有控制柜，一般由水泵自带，控制柜设有水泵自动/手动按钮、启泵按钮、水泵报警指示等。废水泵房废水泵控制柜面板如图4-12所示。

车站内的污废水重力排水管均采用低噪声阻燃型UPVC排水管，粘接连接，穿楼板时带火圈，其主要技术指标应满足《建筑排水用硬聚氯乙烯管材》GB/T 5836.1—2006中优等品的要求；与各类排水泵连接的压力排水管道，均采用内外热浸镀锌钢管，沟槽式或法兰连接。

图4-12　废水泵房废水泵控制柜面板

4. 车站污水排水系统

地铁车站污水排水系统一般由排水设备、收集管网、污水池及污水泵房组成，其作用是将地铁内部产生的生活污水（主要包括乘客和工作人员的粪便污水、盥洗污水等）收集并经提升后排至室外市政污水管网。

1）卫生间、卫生器具及污水管道

一座普通规模的车站，一般设置有公共卫生间及内部卫生间。公共卫生间通常设置在车站站台层公共区或某个出入口，主要供乘客使用，包含男卫生间、女卫生间及残疾人卫生间三个部分，具体规模由建筑等专业根据各站的客流情况进行设计。内部卫生间一般位于车站站厅层设备区的大端，主要供车站工作人员使用，其规模视各车站土建条件而定，一般不大，通常包括开水间、淋浴间等。

卫生洁具及其五金配件的选择与给水设备相同，应满足一般公共建筑卫生器具的选择要求，并且符合《节水型生活卫生器具标准》的要求。

轨道交通车站污水系统管材的选择应满足国家及当地的相关要求，目前常用的污水重力流排水管采用低噪声阻燃型UPVC排水管，粘接连接，带开水器的卫生间或者开水间排水管应采用耐高温的排水管材（耐高温排水塑料管或排水铸铁管）；压力排水管道一般采用内外热浸镀锌钢管，沟槽式或法兰连接。

2）污水泵房

车站的污水泵房是车站污水排水系统中最重要的组成部分，主要包括收集装置、提升装置以及管道附件等部分。目前我国各地采用的污水泵房形式各不相同，主要包括如下几种形式：

（1）污水池+卧式污水泵。采用该形式的污水泵房的地区以北京为主，目前北京绝大多数线路均采用此种形式的污水泵房。该系统由土建污水池及卧式污水泵组成，污水泵房一般与公共区卫生间贴建，为减少污水泵房面积，污水池大部分位于卫生间下方，采用卧式泵污水泵房，其示意图如图4-13所示。

泵房内安置两台卧式污水泵，一用一备，自带控制柜。污水经水泵提升后排入市政污水管网，水泵吸水管上设置闸阀、软接头、大小头等，扬水管上设置大小头、软接头、闸阀、压力表等，根据需要在总扬水管上可设置电接点压力表。

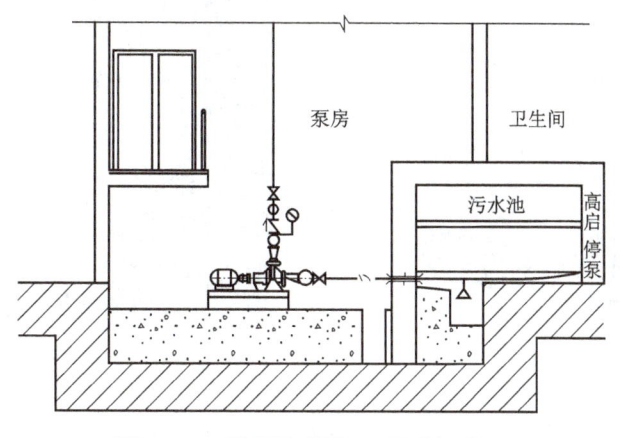

图 4-13　采用卧式泵污水泵房示意图

水泵周围设置排水沟及局部排水坑，集水坑边设置给水龙头，用于泵房地面冲洗，坑内废水通过手提排水泵排除。

污水池容积根据各站污水量确定，污水量按给水量的 90%～95%考虑。污水池内通常设置超声波液位计检测水池液位，控制水泵运行，一般污水池设置低液位报警水位、停泵水位、启泵水位、高液位报警水位。泵房内设有控制柜，一般由水泵自带，控制柜设有水泵自动/手动按钮、启泵按钮、水泵报警指示等。

此种形式的污水泵房目前有数十年的运营经验，其技术成熟、运营管理经验丰富；排水泵安装在泵房内，干式安装，便于维修。此类形式污水泵的缺点是泵房面积较大，土建投资较高，且由于污水池容积较大，清掏麻烦。

（2）污水池+潜水污水泵。该种形式的污水池位于污水泵房下，污水经管道收集后流入污水池，污水池内设置两台潜水排污泵，一用一备，将污水提升至室外管网。目前除北京外，大多数城市均采用此类形式的污水泵房，其示意图如图 4-14 所示。

污水池的容积及水泵液位控制要求与卧式泵的要求相同，采用潜水泵，其泵房面积较小，相对的污水泵房结构形式简单，但由于潜水泵为湿式安装，在水泵检修的时候较为麻烦。

（3）新型污水提升装置。近些年，国内出现了一些新型的污水收集及提升装置，有代表性的为一体化密闭提升装置和真空污水收集提升装置。目前两种污水提升装置在国内均有了初步的应用。

① 一体化密闭提升装置：一体化密闭提升装置一般为成套设备，如图 4-15 所示，主要包括密闭式集水箱、两台干式潜污泵（一用一备）、一台手动隔膜泵、液位开关、控制箱、潜水电缆、紧固件、连接件等。一体化密闭提升泵站布置如图 4-16 所示。

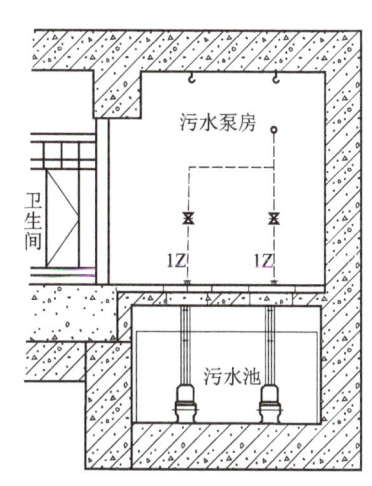

图 4-14　采用潜水泵污水泵房示意图

图 4-15　一体化密闭提升装置 　　　　图 4-16　一体化密闭提升泵站布置

一体化密闭提升装置通过集水箱收集车站污水，集水箱上装有液位传感器，其液位设置与传统污水泵房类似，当水箱内水位达到设定水位时，水泵做出相应动作，一旦集水箱内液位超过设置的高液位报警位置，传感器将传递信号给控制箱，发出鸣音警报。这种一体化提升装置，无须设置土建污水池，设备紧凑，占地小，节省土建投资；水泵可干式安装，便于维修；采用密闭式污水箱，卫生间及泵房环境较好。

目前该类型的污水提升设备在深圳、杭州、天津等地已经有了初步的应用。

② 真空污水收集提升装置：真空污水收集提升装置由真空机组、真空管路及卫生器具组成。真空污水收集提升装置利用真空机组在压力平衡罐及管道内形成真空，污水在室外大气压与管路真空压差的作用下，被快速地抽吸进真空管路并排至真空机组，由真空机组排放至排污地点。

图 4-17 所示为典型真空污水收集提升装置的原理，图 4-18 所示为某真空污水收集装置的外观。

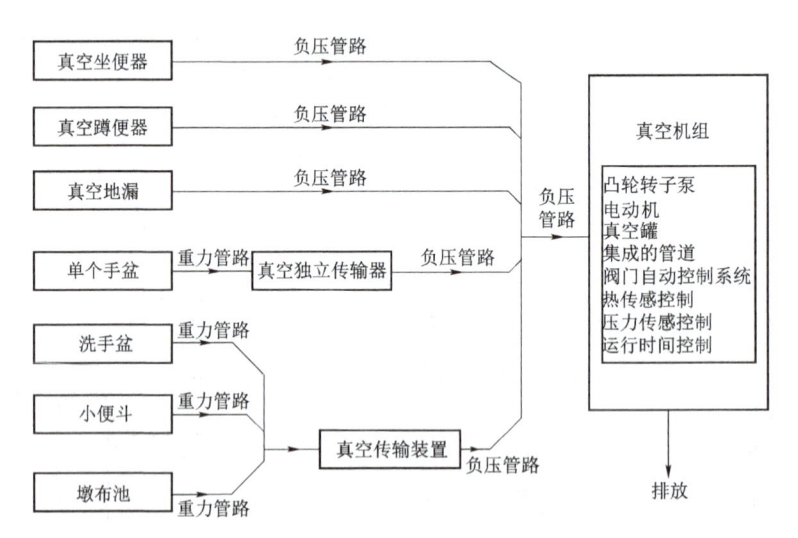

图 4-17　典型真空污水收集提升装置的原理

真空污水收集提升装置最早应用于铁路、飞机或大型集中卫生间排水。采用该技术对应的真空卫生器具的冲洗水量为 1~1.5 L，仅为一般卫生器具的 1/5 左右，系统节水性能显著；整个真空系统密闭，无异味散发，系统的卫生条件好，排污效率高；卫生器具排水采

用真空管路，管道的布置可突破重力流管线的限制，布置灵活，受地铁空间布局的限制较小。其缺点在于配套的真空卫生器具造价相对较高，且由于技术含量相对较高，对运营管理的要求高，一旦管路堵塞则破坏真空，影响系统的运行。

图 4-18 某真空污水收集装置的外观

目前真空排水系统在上海地铁等有了初步的应用，但缺乏大规模应用的经验。

5. 车站雨水排水系统

地铁车站大部分位于地下，雨水通常不进入车站，但个别车站会有露天出入口或敞开式通风口，此部分雨水将汇入车站。车站露天出入口如图 4-19 所示，车站局部雨水排水泵站如图 4-20 所示。

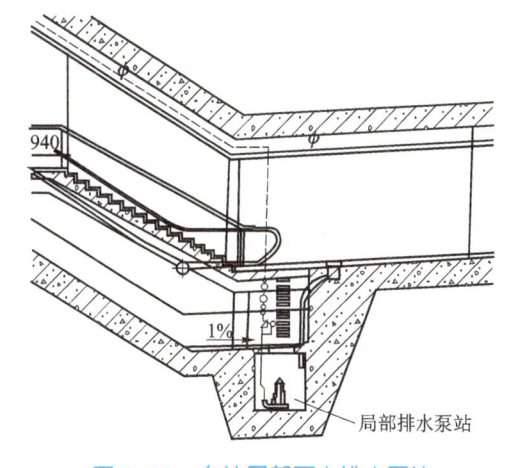

图 4-19 车站露天出入口　　图 4-20 车站局部雨水排水泵站

根据地铁设计规范，露天出入口或敞开式通风口应按当地 50 年一遇暴雨的强度计算，集流时间应按 5~10 min 考虑。

国内各地铁车站在雨水排放系统方面的做法大致相同，在露天出入口或敞开式通风口下设置局部排水泵站，泵站周围设置排水沟，将雨水截留后汇入泵站集水坑，一般排水沟沟深不小于 200 mm，坡度不小于 1‰。

集水池内两台潜水排水泵，根据液位情况，一般情况下单泵交替运行，水量大时，双泵同时运行。泵站集水池内设置超声波液位计或压差式液位计检测水池液位，控制水泵运行，一般水池内设置低液位报警水位、停泵水位、1 泵启泵水位、2 泵启泵水位、高液位报警水位等。

6. 车站排水系统的控制要求及与其他专业接口

1）污水泵房

（1）设有两台污水泵，一用一备，可自动轮换使用，二级负荷，由 BAS 进行监控。

（2）污水池设超声波液位传感器。

（3）污水泵设就地手动控制、就地液位自动控制及 BAS 远程控制。

（4）车站控制室 BAS 显示污水泵的启、停、故障状态信号以及污水池的水位信号（高报警水位、开泵水位、停泵水位、低报警水位）。

2）废水泵房

（1）每处废水泵房设有两台排水泵，根据液位控制启停，一级负荷，消防电源，由 BAS 进行监控。

（2）集水池根据需要设置超声波液位传感器或压差式液位传感器。

（3）排水泵设就地手动控制、就地液位自动控制及 BAS 远程控制。

（4）车站控制室显示排水泵的启、停、故障、手/自动状态信号以及集水池的水位信号（高报警水位、第一台开泵水位、第二台开泵水位、停泵水位、低报警水位）。

3）局部排水泵房

（1）设有两台潜水排污泵，一用一备，可自动轮换使用，二级负荷，由 BAS 进行监控；

（2）集水池设投入式液位传感器；

（3）排水泵设就地手动控制、就地液位自动控制；

（4）车站控制室显示排水泵的启、停、故障状态信号以及集水池的水位信号（高报警水位、开泵水位、停泵水位、低报警水位）。

4）雨水泵房

（1）设有两台潜水排污泵，根据液位控制启停，二级负荷，由 BAS 进行监控；

（2）集水池设投入式液位传感器；

（3）排水泵设就地手动控制、就地液位自动控制；

（4）车站控制室显示排水泵的启、停、故障状态信号以及集水池的水位信号（高报警水位、开泵水位、停泵水位、低报警水位）。

5）临时排水泵

在排水泵附近设可移动的手提潜水泵，220 V 电源，二级负荷。

4.3 车辆段给排水系统

4.3.1 车辆段给水系统组成及功能

车辆段供水水源为城市自来水，两条管径为 DN200 mm 的进水管分别接在城市自来水管网的不同干管上，互为备用，以保证供水安全。根据设计工艺不同，可采用水泵—水塔联合供水方式和变频变量恒压供水方式等工艺。两种方式的给水流程分别如图 4-21 和图 4-22

所示。前一种是城市自来水进入水池后，经水泵提升至水塔（水箱），再由水塔向车辆段内的室外给水管网供水，室内各用水点从室外环状管网引入。

城市自来水 → 储水池 → 加压泵站 → 水塔 → 管网 → 用水点

图 4-21　水泵—水塔联合供水方式流程

城市自来水 → 储水池 → 变频变量恒压给水设备 → 管网 → 用水点

图 4-22　变频变量恒压供水方式流程

后一种是城市自来水进入水池后，由变频变量恒压给水设备直接送至车辆段室外给水管网，室内各用水点从室外环状管网引入。为保证供水安全，无论采用哪种给水工艺，室外给水管网均采用环状。

1. 生活、生产给水系统的组成及功能

生活、生产给水系统主要由水源、蓄水池、水泵、水塔、管道、阀门、气压罐及水龙头等设备或构筑物组成，一般采用枝状管网。其功能是满足车辆段生产、生活用水对水量、水质和水压的要求。

2. 消防给水系统的组成及功能

消防给水系统主要由水源、蓄水池、消防水箱、水泵、水塔、管道、阀门、气压罐及消火栓等设备或构筑物组成，一般采用环状管网。车辆段给水消防系统的功能是当车辆段内发生火灾时，提供满足消防要求的水量、水压。

4.3.2　车辆段排水系统组成及功能

1. 车辆段排水系统概况

（1）排水量定额：
① 生活排水量标准应按用水量的 90%～95% 确定。
② 生产用水排水量按工艺要求确定。
③ 冲洗和消防废水排水量和用水量相同。

（2）含油废水及洗车的废水，不符合国家规定的排放标准时，应经过处理，达到标准后排放，并尽量重复利用。

（3）车辆段附近无城市污水排水系统时，则车辆段内的生活污水必须经过处理，达到排放标准后才能排放。

（4）车辆段的生活污水，宜集中后按重力流方式排入城市污水排水系统，如不能按重力流方式排放，则应设污水泵站提升排入城市污水排水系统。车辆段生活污水处理流程如图 4-23 所示。

（5）室内重力流排水管道宜采用阻燃型 UPVC 塑料管，室外排水管宜采用塑料管或钢筋混凝土排水管。

图 4-23　车辆段生活污水处理流程

(6) 车辆段的停车列检库、定修库、试车线等，当设有检修坑时应有排水设施。

2. 车辆段排水系统的组成及功能

车辆段排水系统包含车辆段污水排放系统、废水排放系统和雨水排放系统。采用分流制的排水方式。

1) 污水排放系统

车辆段的污水包括厕所冲洗水及生活污水，经化粪池简单处理后，排入车辆段内污水处理站的调节沉淀池，经潜水泵提升至污水处理一体化设备，经过厌氧、好氧、缺氧和消毒处理达标后，排入附近的河涌。

2) 废水排放系统

车辆段的废水包含理发、淋浴废水和餐厅、食堂、汽车维护及洗车等含油废水。理发、淋浴废水排入毛发聚集井；餐厅、食堂、汽车维护及洗车等含油废水就近排入隔油池或油水分离设备，经简单处理后统一排入沉淀池，经潜水泵提升至气浮处理装置处理达标后排入附近的河涌。典型的车辆段废水处理流程如图4-24所示。

图 4-24　车辆段废水处理流程

3) 雨水排放系统

雨水排放系统由室外排水明沟（或埋地雨水沟）、PVC 排水管、排水检查井等组成。雨水不作处理，汇集后直接排入附近河流。

4.4　人防给排水系统

城市轨道交通工程除在平常作为重要的交通枢纽外，作为地下工程还兼有人防工程的特点，通常一个地下车站加上相邻区间为一个防护单元，车站掩蔽人员为 1 000~2 000 人。每个地下车站平时功能为城市轨道交通车站，战时则作为城市的人民防空疏散通道及人员掩蔽部。车站设防标准按六级人防设计。防化等级是次要车站为丁级，重要车站为丙级。

在给排水工程中也应考虑到相应的人防要求。给水采用城市自来水作为给水水源，战时水箱进水管从车站内的给水管上接入。

战时水箱应设在通风良好且靠近集中用水的清洁区，可在战时临时修建，但应设计到位，施工时预留孔洞、预埋管道，并有明显标志，以便临战时在规定时间内修建完毕。

战时水箱的结构最好采用不锈钢成品水箱或食品级玻璃钢水箱,施工方便且在人防时不容易出现裂缝和破坏。

战时水箱应储存战时生活用水和洗消用水。人防出入口内设置一个供墙面和地面冲洗用的水龙头,可从生产、生活给水管或消火栓给水管上接出。水箱排水至水箱附近的地漏,地漏排向废水泵房,由废水泵房内的泵提升至室外市政排水系统。

人防口部设洗消污水集水井,集水井宜与平时排水集水井相结合。人防口部各房间内应设洗消排水口,收集洗消污水排向洗消污水集水井,集水井内污水应设机械排出,采用自启动方式,且应设透气管。

4.4.1 人防给水系统

1. 生活饮用水

战时不考虑生活用水,只供给饮用水。根据现行《人民防空地下室设计规范》(GB/T 50038—2005),战时人员掩蔽部的生活饮用水标准为 3~6 L/(人·天)。

以广州地铁 3 号线某人防重要车站为例,饮用水标准按每人每天 4 L 计算,保障给水天数为 15 天,车站待蔽人员为 1 500 人,则每个车站的用水量为 90 m³。若采用成品商业桶装水作为生活饮用水源,则储存桶装数为 4 762 桶(每桶按 18.9 L 计)。在站厅层和站台层设饮水机间各 1 处,并在饮水机间附近设置桶装水储存间(困难时,部分车站用房作为储存间)。

饮水机每 50 人配置 1 台,共设 30 台。饮水机间和桶装水储存间临战前用轻质材料隔断。

2. 洗消给水

每个车站设战时人员出入口、战时进风井及进风道各一个,均采用平战转换方式设计,并在其易受污染的墙面和地面旁设洗消冲洗水栓。为保证洗消冲洗水栓 0.1 MPa 的工作水压,在每个水箱的出水管上安装加压泵一台。在战时出入口和进风道附近各设一组钢板组装水箱作为洗消水源。水箱容量按每次每平方米储存 5~10 L 的冲洗水计算。水箱就近从车站消防给水或生产、生活给水干管上接管供水。

3. 消防给水

车站消防系统平战结合。消火栓给水系统和灭火器配置按现行有关消防规范执行,在平时一次设计并全部安装到位,以备战时利用。

站厅、站台层消火栓用水量为 20 L/s,人行通道为 10L/s。消火栓的布置应满足任何保护部位均有 2 股水柱同时到达,每股水柱不小于 5 L/s。站厅、站台层公共区一般采用双出口消火栓,间距为 40~50 m;其余尽量采用单出口消火栓,间距小于 30 m。

在每个消火栓附近设置灭火器箱,每个灭火器箱配有水成膜泡沫液及 FM200 灭火器至少各一具。

4.4.2 人防排水系统

1. 洗消排水

(1) 一般车站防化等级为丁级,不设洗消间。

(2) 对于重要的车站，防化等级提高到丙级，需设简易洗消间，设在两个密闭门之间。

(3) 在每个车站战时进风井底部、战时人员出入口简易洗消间设置洗消污水集水池，容积不小于 1 m³ 及一台泵 5 min 的出水量。在战时进风井除尘滤毒室、防毒通道、简易洗消间的地面上，设 DN80 mm 的防爆地漏，并预埋 DN80 mm 镀锌钢管作为洗消排水管；洗消污水排入洗消污水集水井中，战后用移动式污水泵排至室外。在隔绝防护期，防护区不得向外排水。

2. 其他排水

两个钢板组装水箱设溢水管和泄水管，用管道将废水引至站台层的线路排水沟中；饮水间设 DN100 mm 的地漏，并用镀锌钢管排到线路两侧的排水沟。线路排水沟将废水统一汇集到设置在车站端头的废水池中，再用潜污泵扬至地面的压力检查井中，然后排入市政排水管道。车站主废水泵站主要为车站平时排水服务，土建和设备平时全部施工到位，以备战时利用。

3. 战时厕所

战时提供男女干厕各一处，面积按每个便桶 0.8 m² 计算，平时预留位置，临战前用轻质材料隔断。干厕靠近排风口设置，并与饮水间保持一定的卫生防护距离。干厕内设便桶，男干厕按每 50 人设一个，女干厕按每 40 人设一个。一个人防单元为 1 500 人，男女比例按 1∶1 计算，则便桶数量为男 15 只、女 19 只。

任务四　车站及车辆段给排水系统的运行管理

【任务分析】

1. 运行管理任务

对车站和车辆段给排水系统设备的操作、维护、保养和维修，使之能持续、高效地运行。

2. 运行管理内容

1) 运行管理人员要求

(1) 熟悉给排水系统各设备的性能。

(2) 了解给排水系统各设备结构及工艺、运行环境等要求。

(3) 掌握各设备的操作、简单维护技术。

2) 车站运行管理内容

(1) 合理组织人员按维护、操作的规程、规则和手册进行操作和维护设备。

(2) 按规定的周期，对设备进行不同内容的检查、检测，保证车站能正常运营。

3) 车站设备管理

(1) 潜水泵的运行管理。

（2）水消防设备的运行管理。
（3）自动清洗过滤器的运行管理。
4）车辆段给排水设施运行管理内容
（1）生活污水处理设备的运行管理。
（2）生产污水处理设备的运行管理。
（3）车辆段给水设备的运行管理。
（4）自动气压供水设备的运行管理。

3. 运行管理组织

由专业工程师总负责，设置给排水维护专业工班。专业工程师负责编写各系统设备的操作、维护规程及维护周期，制订设备的维护计划和材料计划等，经上级主管部门审核通过后，按管理范围划分，由各相应工班负责执行。给排水维护专业工班主要负责给排水与水消防设备的运行管理与维护。

4. 给排水系统运行管理人员岗位职责

1）专业工程师的工作职责
（1）接受上级的领导，负责本专业技术和技术管理工作。
（2）负责制订、组织、实施、检查本专业工作目标和生产计划及其完成情况。
（3）负责本专业维护文本、规章、制度等的编制、修订、完善工作。
（4）负责本专业技术资料、图纸等的收集、整理、核对、修改、完善工作。
（5）负责解决本专业生产中的技术难题，为维护人员提供技术支援。
（6）负责检查本专业安全生产情况。
（7）负责对本专业维护人员和其他相关人员进行技术和技术管理的培训。
2）工班长的工作职责
（1）接受上级的领导，服从专业工程师的工作安排。
（2）负责协调不同专业、工班之间工作及专业内工班间的交接工作。
（3）负责安排本工班员工工作。
（4）负责本工班班组工器具、维护材料及元器件的领用、借用和保管。
（5）负责向车间提供本工班巡视、维护报表。
（6）负责向车间、专业汇报本班组工作情况。
（7）负责本工班员工的工作安全和人身安全。
（8）负责收集和向上反映本工班员工的意见和建议。
（9）负责组织本工班员工学习和参加各项活动。
（10）负责带、教本工班新员工熟悉本职工作和本专业知识。
（11）负责本工班员工的工作考评。
（12）为本工班安全生产责任人。
3）给排水维护人员的工作职责
（1）接受工班长的领导。
（2）做好本专业所辖设备维护、巡视工作，填写相关报表、记录。
（3）领用、保管个人工器具。

(4) 按要求做好安全生产工作。
(5) 钻研业务，接受培训。
(6) 参加公司、本专业、本工班组织的学习和活动。
(7) 向上级、本专业、本工班组提出、反映个人建议和意见。
(8) 参与专业、工班员工的工作考评。

5. 运行管理的有关要求、规程和制度

对设备运行进行有效管理，及时发现系统设备运行异常现象，并在保证安全和不影响正常运营情况下，及时进行维护，以确保系统正常运行。

(1) 给排水专业设备由给排水技术管理人员和维护人员负责。
(2) 工班负责做好日常巡视工作，并填写相应巡视记录，如遇故障必须及时处理和汇报。
(3) 区间泵房、雨水泵房为重点运行管理对象，按维护计划安排进行。
(4) 记录各站和车辆段每月水表读数，并向生产调度汇报。
(5) 牢记安全操作事项及用电安全。
(6) 地面站的消防泵每 3 个月启泵一次。
(7) 各车站的水源均为两路供水，电动蝶阀需每 3 个月定期轮换一次。
(8) 对于损坏、偷盗消防设备的情况，必须向有关部门及时汇报。
(9) 进入区间隧道巡视，需向生产调度申请，经批准后方可进场工作。

【任务目标】

熟悉给排水系统各设备的性能，了解其结构及工艺、运行环境等要求，掌握各设备的操作、保养、简单维修的技术，合理组织人员按维修、保养、操作的规程、规则和手册进行操作和维护设备，按规定的周期，对设备进行不同内容的检查、检测，保证车站能正常运营。

【实施步骤】

1. 潜水泵的运行管理

车站泵房集水池内一般设两台潜水泵，一用一备，轮换运行，必要时可同时运行。集水池一般设有超高、中、低、超低 2~4 个终端液位控制器，根据水位高低自动控制排水泵的启停，并通过 BAS 监视。当水位达到超低水位时，两台泵均停止工作，手/自动都无法启动；当水位达到低水位时，开启第一台泵；当水位达到中水位时，两台同时开启；由液位控制器失灵引起的水位报警，BAS 将会发出报警信号，通知站务人员到现场，将转换开关打到手动位置，手动启动排水泵。

2. 水消防设备运行管理

(1) 消防水管上的阀门保持常开。当工作人员发现火灾时，应及时按下消防栓箱的手动报警器或通过箱体上的报警电话向车控室报警，并取出消防水带，接上消火栓及水枪后，打开阀门，持枪喷水灭火。火灾扑灭后，关闭消火栓阀门，取下水枪、水带，在冲净、晾干后将器材放回原位，并在转盘的摇臂、箱锁、阀门等处涂上 2 号钙基酯，以便再次使用。区间消防管道上的电动蝶阀由 BAS 监控。当区间发生火灾时，电动蝶阀自动开启，同时操作人员迅速到现场将手动蝶阀打开，进行灭火，灭火操作方法同上。车站消防设施应建立完善的巡视、检查、登记制度，至少每周巡视一次；每 3 个月开箱检查一次；每年功能测试一次。

（2）对于自动喷水灭火系统来说，当发生火灾时，喷头口的玻璃球熔化并自动喷出水雾，由于系统内水压的突降，在湿式报警阀两端产生水压差，压差使湿式报警阀打开，延时 30 s 后，自动启动消防水泵进行灭火，同时发出报警声。

3. 自动清洗过滤器运行管理

1）开机

（1）同时打开进水阀和出水阀。

（2）打开过滤器上封头的排气阀，排除罐内的空气后，将排气阀关闭。

2）观察

（1）观察浊水腔和清水腔压力表，看压力是否正常。

（2）观察过滤器有无泄漏（上下封头的轴封、罐体法兰、阀门法兰及压力表和差压控制器取样管），如有泄漏应及时处理。

3）反清洗

反清洗机构一般有手动和自动清洗两种工作状态。当电控箱的切换开关置于手动位置时，处于手动工作状态；当置于自动位置时，则处于自动工作状态。

（1）手动反清洗。可在任意时间间隔，或者根据两个压力表的压力差（压差达到一定值时），按动电控箱上"反清洗电机启动"按钮，使反清洗吸管旋转；同时按动"排污阀门开"按钮，使排污阀打开，即开始反清洗。反清洗时间依据水质污浊程度而定，当清洗后压力差恢复正常，即表示过滤柱内污渣已经洗净。然后按动"反清洗电机停"和"排污阀门关"按钮，结束手动反清洗。

（2）自动反清洗。该机装有差压控制器，可自动控制反清洗的开始和结束。在差压控制器上设定两个压力值：压差和切换差。压差是指罐体浊水腔和清水腔的压力差，切换差是指差压控制器中微动开关的切换范围；差压控制器的差压设定范围为 0.020~0.160 MPa，切换差设定范围为 0.035~0.150 MPa；当差压控制器启动减速机时，电动蝶阀自动打开；另外还设有定时反清洗功能。

4. 生活污水处理设备运行管理

1）培菌（手动）

（1）将各构筑物充满废水。

（2）启动风机，将菌种（活性污泥）倒入第一格好氧池。

（3）连续闷曝三天，第四天开始少量进水，以后循序加大，直至满负荷运行。

（4）至此，培菌成功。

2）启动风机前准备工作

（1）检查风机各部是否正常。

（2）注入润滑油至规定油标线。

117

（3）打开蝶阀（平时两台风机的蝶阀均保持常开状态），按下启动按钮。

（4）调节风压至风机规定的正常风压。

3）运行

当所有准备工作完成后，即可进入正常运行状态。本系统的运行可手动，亦可自动，一般情况下选择自动。

手动运行：

（1）检查风机、水泵等设备，确保正常。

（2）合上总电源和控制电源开关。

（3）将"自动—手动"转换开关置于"手动"挡。

（4）根据自己所需，选择要启动的设备按钮，停机时按下相应的停止按钮。

自动运行：

自动运行操作很简单。在确定各设备都完好无误的情况下，将"自动—手动"转换开关打至"自动"挡，此时，系统将按既定程序自动投入运行，无须人工干预。若遇紧急情况，则按"急停"按钮，使之停止。

5. 生产污水处理设备运行管理

（1）开车前应检查设备各部件是否完好，电器及转动部件是否正常，如发现问题应立即维修，修好后方能使用。

（2）配好混凝剂，置于投药槽内。

（3）启动空压机，将压缩空气输入溶气罐。

（4）待溶气罐压力达到 0.22~0.30 MPa 时启动高压水泵，缓慢打开闸阀，将水压入溶气罐，进行溶气。

（5）待溶气罐液位到达液位计 1/3 时，打开释放阀门，将溶气水输入气浮池（使用前最好将气浮池注满清水）。

（6）调节高压水泵的阀门，保持溶气罐压力不要超过 0.40 MPa。

（7）启动污水泵，将废水送入气浮池处理；同时根据污水水质情况，调节合适的抽药量。

（8）调节气浮池的水位调节阀，使气浮池水位保持在排渣口便于排渣。

（9）当浮渣积聚到 10~20 mm 时，开动刮渣机，将泥渣刮到污泥槽内。

（10）停止运行时，刮净所有污泥，然后先关投药阀、污水泵，再关闭高压水泵、空压机及溶气水出水阀。

小贴士：经常检查溶气罐上安全阀和压力表是否正常。经常进行水质化验，根据化验结果调整投药量，以保证出水达到最佳效果。水泵不能断水空载运行，流量计在冬天停运时应将水放尽，以免冻裂。

6. 车辆段给水设备的运行管理

1）变频给水设备的运行管理

（1）正常供水时：当水池中水位达到停泵水位时，水泵自动停止；当水池中水位低至平时允许开泵水位时，水泵自动开启；当水池中水位抵达溢流水位时，报警装置开始报警；当水池中水位抵达消防水位时，报警装置开始报警，且水泵自动停止。水泵遵循先起先停的原则，轮流运行。

（2）消防供水时：当控制箱接到火灾报警信号经过微机处理后，不管设备此前处于何种工作形式，都使设备无条件进入消防运行状态。即水泵工作扬程由 43~45 m 自动调升到设定的消防扬程 53~55 m，而且在消防压力点上保持恒压，最大供水流量为 150 L/s。当水位达到超低水位时报警装置开始报警，手动停泵。

（3）在给水系统供水流量小于一台水泵（主供水泵）最大供水流量的 1/10（水泵流量不大于 6 L/s）时，主泵停止工作，改由辅助泵和气压罐供水。

2）水泵—水塔联合供水设备的运行管理

水泵—水塔联合供水设备的运行管理相对来说比较简单。当水塔中水位达到停泵水位时，水泵自动停止，由水塔向管网供水；当水塔中水位达到启泵水位时，水泵自动启动，水泵一用一备，轮流运行。

7. 自动气压供水设备的运行管理

水池中设有溢流水位和低水位。当水位抵达低水位时水泵自动关闭，当水位抵达溢流水位时报警装置开始报警。水泵的起停受气压罐上的电接点压力表控制，当气压罐压力抵达设计下限压力时，水泵自动开启；当气压罐压力抵达设计上限压力时，水泵自动停止。低水位水泵自动关闭控制优先于气压罐压力抵达最低值启动水泵控制。

8. 给排水系统的巡视

1）车站设备巡视内容

（1）仪表工作是否正常、稳定。

（2）水泵控制、显示是否正常。

（3）管道、消火栓、水泵接合器是否漏水，水泵接合器盖、水枪、水带是否被盗。

（4）检查区间管道支架螺栓是否松动，柔性卡箍、伸缩节是否严重变形，区间消防栓箱门是否打开，消防栓是否漏水。

（5）区间排水沟和集水井进水口是否有杂物堵住。

（6）地面压力、化粪池是否被覆盖，盖板是否破损。

（7）设备及周围环境卫生。

（8）水泵螺栓连接是否完好。

（9）电动蝶阀动作与反馈信号是否正常。

（10）水泵启动是否频繁。

2）车辆段设备巡视内容

（1）仪表工作是否正常、稳定。

（2）水泵控制、显示是否正常。

（3）管道、消火栓、水泵接合器是否漏水。

（4）水泵接合器盖、水枪、水带是否被盗。

（5）监测仪监测指标是否正常。

（6）水泵填料盒处是否发热，滴水是否正常。

（7）泵和电动机的轴承和机壳温升。轴承温升一般不得超过周围温度35 ℃，最高不超过75 ℃。

（8）设备及周围环境卫生。

（9）水泵螺栓连接是否完好。

（10）水泵机组有无异常噪声和振动。

（11）水泵启动是否频繁。

（12）污水处理系统布气是否均匀。

（13）整个系统工作是否正常。

任务五　给排水系统主要设备维修

【任务分析】

给排水技术和维修人员应按照每年的年度工作计划和维修标准，对设备进行检查、保养和预测性维修，负责故障设备的修复处理。如遇突发性事件时，服从车间轮值和维修调度的命令，在抢险总指挥的指挥下进行抢修。

给排水设备的维修管理与工作内容详见附录，这里主要介绍潜水泵，自动清洗过滤器，生活污水、废水处理设备和管道等主要设备的维修。

【任务目标】

遵照国家标准，结合企业实际情况，通过对车站和车辆段给排水系统设备的维修、保养、改造和管理，确保系统的正常运行。

【实施步骤】

1. 潜水泵的维修

1）潜水泵的装配与拆卸

潜水泵的装配过程如下：

（1）将下轴承盖套在转子总成下轴承挡上部轴颈上。

（2）将下轴承压入转子。

（3）分别在下轴承下端装好轴承挡圈、轴用弹性挡圈挡住轴承。

（4）将装有下轴承的转子部件压入。

（5）将孔用弹性挡圈装在下轴承上端轴承座卡槽内。

（6）将下轴承盖用螺钉与轴承座装配，紧固。

（7）将泄漏检测器插在橡胶圈内，再插入轴承座内。

（8）将上机械密封推入轴承座内，并用轴用弹性挡圈卡住。

（9）机械密封座止口上套入O形密封圈，将机械密封座与轴承座通过止口装配起来。

（10）将下机械密封装入机械密封座内。
（11）将 O 形密封圈套入机械密封座内。
（12）将蜗壳与机械密封座通过止口装配起来。
（13）用螺钉将轴承座、机械密封座及蜗壳紧固。
（14）叶轮装在轴上，用键固定。

潜水泵的拆卸与装配顺序相反，不再赘述。

2）潜水泵维修的注意事项

（1）定期（每季）检查电机相间和相对地之间的绝缘电阻，其值不得低于 2 MΩ，否则应拆机维修，同时应检查水泵接地是否牢固可靠。

（2）水泵每次安装时，都要检查电机的转向是否正确。正确的方向是：从泵的吸入口往上看，叶轮逆时针方向旋转。如果旋转方向不正确，可以调换三相中的任意两相的位置。

（3）水泵运转前，检查电源电压值。该电压不允许超出额定值的±10%。

（4）每年检查一次变压器油，如油呈乳化状态或有水沉淀出来，应及时更换 10～30 号机械油和机械密封。对于在恶劣条件下使用的水泵，更应经常地维修。

（5）在正常条件下，水泵工作一年后，应进行一次全面维修，更换已磨损的易损件并检查紧固件的状态。

（6）对装有耐磨环的泵，叶轮与耐磨环的磨损间隙在直径方向的最大值超过 2 mm 时，应更换耐磨环。

（7）为防止水泵在使用多次时内部积有杂质，可用清洁的水来清洗水泵，尤其是下密封处，以免结块、堵塞。电泵长期不用时，应将电泵从水中提出，不要长期浸泡在水中，以减少电机受潮的机会，从而增加水泵的使用寿命。需注意的是，水泵每次提出来时，最好用清水冲洗一次。

（8）不要随便拆卸水泵零件，需拆卸时不要猛敲猛打、野蛮操作，以免损坏密封件。没有熟练技术的工人不要随便拆卸电泵，以免造成电泵泄漏，损坏电机。

（9）运行中应经常检查各种仪表的安全可靠性和正确性，如电流表指示是否正常，是否超过铭牌规定的额定值。

（10）水泵应在规定的范围内使用，流量不可超过额定流量太多，以免超载，可以通过关闭出口闸阀来调节。闸阀关小，流量也就变小，相应的电流、功率也就减小。

（11）固定水泵底座的不锈钢螺丝应牢固，无锈蚀现象。

（12）潜水泵与泵座接口应吻合密封。

（13）接地应牢固，接地线为黄绿线，比其他线长 50 mm。

小贴士：潜水泵润滑油为 0 - 40 号机械油，潜水泵控制箱内应清洁，线头应紧固无松动，主交流接触器触点光滑，无明显的打花现象，各辅助触点动作正常。

2. 自动清洗过滤器的维修

（1）每月定期排污一次，打开罐下端的手动排污阀即可。

（2）每天检查几次进出口压力表，查看反清洗是否彻底。

（3）每半年可拆迁一次过滤柱进行清洗，如有油污可用碱洗或者用洗油剂清洗；如有水垢或锈，可用盐酸清洗。

（4）摆线针轮减速机：

① 第一次加油运转 150 h 后应更换新油，以后每 6 个月换油一次。

② 减速机未经加油到规定油位时不得使用。

③ 减速机停机超过 24 h 后，再启动时应使内件充分润滑，方可带负荷运转。

④ 减速机电动机进出风口不得有任何污物及堵塞。

⑤ 在使用过程中如发现油温显著升高，温升超过 60 ℃或油温超过 85 ℃，以及产生不正常噪声时，应停止使用，在排除故障并更换新油后再使用。

3. 生活污水处理设备的维修

1）地埋式一体化污水处理装置

（1）罐体内的填料，要定期查看填料上生物膜的长势情况，如长势较快应适时控制，防止因生物体长势太快，导致水流变慢。

（2）罐体内各管道、管件要定期（每 3 年一次）防腐，各管件要定期紧固，防止松脱。

（3）罐体内集、布水管要定期校正，防止因倾斜而导致布水、集水不均匀，影响出水水质。

（4）罐体内的阀门要定期做开启和关闭试验，必要时添加油脂，以便阀门开、关自如。

2）SSR 风机

（1）日常维修保养。压力在铭牌值以下，流量在铭牌值 10%以内，风机无异常噪声、无异常振动，吸入温度在 40 ℃以下，电流在电动机铭牌值以下，电压在铭牌值 10%以内，皮带有一定张力，齿轮油量加至油标中心位置。

（2）3 个月维修保养。

齿轮油量加至油标中心位置，清扫空气滤清器，补充或更换齿轮油和轴承润滑油。

（3）1 年维修保养。

主要是更换 V 带和滤清器滤芯。

（4）3~4 年维修保养。

主要是更换垫片与油封，并检查、更换齿轮。

3）吸入消声器的维修

打开消声器外壳，露出滤芯，清扫和清洗过滤器及滤芯。

4）计量泵的维修

（1）计量泵是计量仪器，平时运转要注意周边环境（温度、湿度），防止腐蚀气体侵入。

（2）计量泵要定期运转，如果长期不运转，要先用清水抽吸 10~20 mm，然后拆下包装，存放于阴凉、干燥处。

4. 生活废水处理设备的维修

1）气浮机

（1）主机：主机的保养一般是每年一次刷漆，油漆颜色最好与原机色相同。

气浮机每用半年就要放空一次，查看内部结构件连接情况，清理淤泥。气浮机长期不用应放空主机内的余水，然后用清水冲洗主机内外，如有腐蚀，需重新补漆，干燥放置。

与气浮主机外部连接的管件要定期（每3个月）紧固，定期（每半年，与清理淤泥同时进行）更换法兰间垫片。

（2）刮渣机：刮渣机主体每年一次刷漆，油漆标准与底色相同。刮渣机齿轮、链条每半月左右检查一下紧固件，每3个月左右上一次油脂，传动两齿轮面每3个月校正一次，使两齿轮面在同一铅垂面上。

减速机每半年更换一次润滑油，每3个月检查一下减速机机底紧固件。

电动机要每3个月检查一下接地螺丝，防止摆脱，每年检查一次绝缘程度（线与线，线与地等），必要时要拆下电动机，重上绝缘漆。

（3）溶气罐：溶气罐内外每年做一次防腐和刷漆，要求与出厂时相同。定期校正一次安全阀，定期检查水路、气路系统。

溶气罐与外围管道的连接件要定期（每3个月）检查，适时均匀紧固。

溶气罐上玻璃视镜要适时（脏时）擦拭，溶气罐内填料要定期（一般每年一次）用清水清洗，保证布水良好。

侧面上液面考克和液面玻璃管要定期检查，防止漏气、漏水。液面玻璃管要加强保护，防止破碎。

溶气罐上液位浮球要定期检查其电气灵敏度，每3个月取出一次浮球，清理浮球表面浮渣，检查连接件转动灵敏度，以保证动作灵敏。

（4）管道混合器：定期（每年）拆下用清水（或压力空气）冲洗管道，防止杂质、油污积累，影响水流。

（5）释放器：每半年（一般与清理淤泥同时进行）拆下清洗一次。清洗方法是小心取下压盖螺丝，取出内芯用清水清洗后重新组装。

（6）压力过滤器：一般每年做一次刷漆及防腐，要求与出厂时相同。罐内石英砂一般每5年更换一次。更换时切记小心，因砂层下是滤头。过滤器与外部的管道连接依靠法兰、螺栓，要定期紧固，防止长期运行发生松脱。

5. 管道的维修

管道的维修包括给水管道和排水管道及附件的维修。给水管道的损坏主要是因为腐蚀引起的。腐蚀表现方式有生锈、坑蚀、结瘤、开裂或脆化等。排水管道及附件需要维修主要是由于水管堵塞，往往是由于使用卫生器具不当引起的。对此类管道的维修主要采用预防为主的方式。如刷漆、疏通、设置检查口、检查井和清扫口等。对于损坏严重、不能修复的管道和附件，只能采取更换的维修方式，并按要求进行试验和消毒（仅仅对给水管道而言）。为使管道和附件更换时安装合理，需遵循管道及附件的安装规范和通则。在这里主要介绍柔性卡箍的安装工艺和给水管道的消毒工艺。

1）柔性卡箍的安装工艺

（1）钢管切割。将钢管按照所需长度放在切割机上，断面应垂直于轴线。切口若有毛刺，应用钢刷打磨。钢管切割不允许气割。

（2）开槽。将钢管架在滚槽机上，用水平仪调整钢管水平位置，钢管端面与滚槽机挡板垂直固定后，开动电机，将压滚挤压钢管，压出所需要的槽。用游标卡尺测量槽的深度和宽度。

（3）密封面的要求。钢管端头密封面要求平滑，不允许凸凹，不允许有翻边和毛刺。端口钢管不圆应校圆，钢管焊缝要打磨平滑。

（4）密封圈的安装。清除密封面上杂物后涂上肥皂水，检查密封圈是否有损伤，再将密封圈向外翻成槽并浸入肥皂水。先将密封圈套在钢管端头，另一个钢管伸进密封圈，密封圈翻转，并将两管之间缝隙调整到所需宽度，然后在密封圈外表面刷肥皂水。

（5）卡箍安装。将卡箍内腔密封槽涂上肥皂水，将两卡箍扣在密封圈上并使卡箍两侧卡进槽中。交替上紧两条螺栓，注意上螺栓不能咬胶圈。

（6）试压。管道安装完毕后进行系统试压。试压前应全面检查安装件、固定支架是否牢固。采用分层、分段、分面方式进行。试压时会使螺栓拉长，两卡箍分开，卸压后应第二次拧紧螺栓。测量指标——压力值、持续时间达到规范的要求。

2）给水管道的消毒工艺

1）冲洗前，拆除管道中安装的水表，加短管代替，把需冲洗的管道与其他正常供水干管或支管断开。

2）冲洗时，用高水流冲洗管道，在管道末端选择放水点排水，直至水中无杂质。

3）配制好消毒液，随向管内充水一起加入管中，浸泡24 h后，放清水清洗，并连续测管内水的含氯量和细菌含量直到合格。新安装的给水管道冲洗消毒时，漂白粉量及用水量可参照表4-1。

表4-1　漂白粉量及用水量

管径/mm	用水量/m³	漂白粉量/kg	管径/mm	用水量/m³	漂白粉量/kg
15~50	0.8~5	0.09	100	8	0.14
75	6	0.11	150	14	0.14
200	22	0.38	400	75	1.30
250	32	0.55	450	93	1.61
300	42	0.93	500	116	2.02
350	56	0.97	600	168	2.90

小贴士：保养与维修时必须切断电源。

第4章 给排水系统

任务六　给排水系统故障分析与处理

【任务分析】

给排水系统是车站及车辆段机电设备的一部分，其故障处理要求遵循城市轨道交通制定的相关规定及要求，具体而言，即"先通后复"，尽可能减少故障对正常运营的影响。

事故（故障）抢修流程：

(1) 故障报告人用电话向生产调度报告设备故障情况。

(2) 生产调度通知车间轮值设备故障情况，同时下发维修作业令。

(3) 车间轮值接收到故障通知后，领取维修作业令。

(4) 车间轮值根据故障通知及作业令，填写故障处理单。

(5) 车间轮值电话通知维修人员，并发出故障处理单，并与生产调度联系抢修车辆（如有需要时）。

(6) 维修人员接故障通知，领取故障处理单及作业令。

(7) 维修人员凭故障处理单领取所需物料。

(8) 维修人员带齐物料和工器具后至指定乘车点搭乘抢修车辆。

(9) 抢修车辆至故障抢修地点后，在原地待命，以备抢修急用。

(10) 维修人员到达设备故障车站后，到车控室进行作业登记，领取钥匙进行作业。

(11) 维修人员作业完毕，到车控室消点消令（撤销作业时间和作业令）。

(12) 维修人员搭乘抢修车辆返回或通知抢修车辆返回。

(13) 维修人员填写并返回故障处理单及作业令。

(14) 维修人员将事故（故障）情况和处理情况报告车间主管主任和技术人员，由技术人员进行事故（故障）分析，并采取相应措施防止类似情况再次发生。

【任务目标】

根据故障抢修流程，进行两种典型故障的分析与处理，即区间消防水管爆裂的分析与处理和水淹区间隧道的分析与处理，使轨道交通恢复正常运营。

【工具和装备】

消防水管爆裂抢险所带工具和装备见表4-2。

表4-2　消防水管爆裂抢险所带工具和装备

序号	物资名称	型号规格	数量	单位	备注
1	消防水带	25 m/条	12	条	区间泵不能抽水时使用
2	220 V 手提潜水泵	220 V	4	台	区间泵不能抽水时使用
3	220 V 电源拖架	220 V	4	个	

125

续表

序号	物资名称	型号规格	数量	单位	备注
4	活动扳手	200 mm	3	把	
5	套筒扳手	32件套（12.5 mm 系列）	1	套	12.5 mm 系列
6	镀锌水管	DN150	2	条	6 m/条
7	柔性卡箍	DN150	6	个	
8	割机	日立	1	台	
9	割片	25.4 mm×255 mm	8	片	
10	信号灯		2	个	车站提供
11	对讲机		1	对	车站提供
12	滚操机		1	台	

水淹区间隧道抢险所带工具和装备见表4-3。

表4-3 水淹区间隧道抢险所带工具和装备

序号	物资名称	型号规格	数量	单位	备注
1	内六角扳手	公制2.5~12 mm，10件套	1	套	
2	手动葫芦	3 t，5 m	2	个	
3	荧光衣	大号、中号	6	件	各3件
4	钳工锤	1.0 kg	1	把	
5	数字电流钳表	0~1 000 A	1	块	
6	钢丝绳	ϕ12 mm	20	m	
7	钢丝绳接头	ϕ12 mm	6	个	
8	信号灯		2	个	车站提供
9	试电笔	0~500 V	2	支	
10	兆欧表	500 V	1	个	
11	对讲机		1	对	车站提供

【实施步骤】

1. 区间消防水管爆裂的分析与处理

（1）车站接报后，由当日轮值负责组织抢修。

① 通知车站人员关闭爆管区间两端消防蝶阀。

② 与控制中心联系，封锁事故区段线路，站台设置红闪灯。

③ 组织专业维修人员及工器具，到指定地点集中候车。

④ 申请抢险用工程车，同时要求车务部派人现场协助。

⑤ 各项准备工作就绪后，开工程车赶往事故现场。

（2）抢修人员分工及安全注意事项。

① 一组（6人）：负责拆、装水管及检查、关闭区间爆裂水管附近两端蝶阀；二组（4人）：负责运送水管。

② 抢修安全注意事项：严格遵守《维修安全规则》，做好并检查安全防范措施，防止发

生工伤事故。

（3）事故处理现场。经抢修队长确定爆管长度后，命令一组人员用活动扳手在两端将柔性卡箍拆下，然后将两组运送的镀锌钢管割好并对好位，经抢险队长确认无误后，再装上柔性卡箍并试漏、试压。所有抢修工作结束后，出清线路。向站控室、OCC汇报修复情况和线路出清情况，车站和控制中心解除线路封锁，运营车辆恢复运行。抢修人员回车间向轮值汇报。

（4）车间轮值再通知生产调度。

（5）总结分析事故发生的原因，出具事故报告。

2. 水淹区间隧道的分析与处理

（1）接车站或生产调度的情况通报后，由车间轮值负责组织抢修。

① 车间轮值通知当班维修人员准备工器具，赶赴出事区间的相邻车站。

② 维修人员到达车站后，立即与控制中心联系，要求运营车辆在区间泵房作短暂停车安排，并在车站请点。同时要求站务人员带齐通信设备一同下区间现场协助处理。

③ 各项准备工作就绪后，维修人员坐运营列车驾驶室到区间泵房处迅速下车，列车恢复正常运营。

（2）维修人员进入区间泵房后，迅速判断水浸原因，如发现潜水泵叶轮堵塞则采取以下措施处理：

① 拉下控制箱内空气开关和保险丝。

② 用手动葫芦将水泵提起。

③ 用六角螺丝将水泵底座打开，用钢筋和钳子将垃圾清理干净。

④ 将水泵底座装好，用葫芦将水泵放下。

⑤ 将空气开关和保险合上。确认水泵可以抽水，运行正常。

⑥ 清理现场，用对讲机向站控室、控制中心汇报："抢修完毕，车辆可以运行"。最后向车间轮值汇报。

（3）车间轮值再通知生产调度。

（4）总结分析事故发生的原因。

给排水系统发生故障往往会影响到城市轨道交通正常的运营，其中绝大多数又主要是因为水泵发生故障引起，因此熟知水泵故障发生的原因，对快速处理水泵故障有着重要的意义。表4-4列出了水泵的故障现象、故障原因及处理方法。

表4-4 水泵的故障现象、故障原因及处理方法

序号	故障现象	故障原因	处理方法
1	水泵流量不足或不出水	泵反转	关掉总电源，调换任意两相电源线
2		阀门未打开或打开角度不够	检查并打开阀门
3		管道、叶轮堵塞	清理管道内或叶轮上的堵塞物
4		出水管泄漏	找出泄漏点并校正
5		耐磨环磨损	更换
6		耦合挂件断裂	更换

续表

序号	故障现象	故障原因	处理方法
7	水泵运行不正常、噪声振动异常	叶轮或转子不平衡	校平衡
8		轴承磨损	更换
9		转轴弯曲	送厂家校正或更换
10	绝缘电阻偏低	电缆线、电源线端沙漏	拧紧压紧螺母
11		电缆线破损	更换
12		机械密封损坏	更换
13		O形密封圈失效	更换
14	电流过大	管道、叶轮被堵	清理管道内或叶轮上的堵塞物
15	水泵无法停止或自动启动	浮球失灵	更换浮球
16		浮球上浮子卡在工作位置	松开，如需要，可以改变位置
17	泵启动和停止太频繁或长时间运行	浮球开关定的时间太短	重新调整浮球开关，延长运行时间
18		止回阀故障	检查止回阀，并维修

项目小结

1. 城市轨道交通的车站及车辆段给排水系统主要由给水系统和排水系统两部分组成，其中给水系统主要由生活给水系统、生产给水系统和水消防给水系统组成，排水系统则包括污水系统、废水系统和雨水系统。

2. 城市轨道交通车站给水系统的主要任务是满足生产、生活用水，消防用水，人防用水的需求。生产用水包括车站公共区域地坪等冲洗用水、车站设备用房洗涤盆用水、车站冲洗用水、空调冷冻机的循环水、冷却循环水系统补充水。生活用水主要指车站工作人员使用的卫生间、茶水间等用水。消防用水主要指消火栓用水。

3. 生产、生活给水系统一般由引入管、给水管道、给水附件、用水设备等组成。一般将从市政给水管网上接管点引至车站室外埋地管段为引入管。目前地铁车站内部给水系统常用的给水附件包括常用的阀门、管件、水表等。给水管道包括干管、立管、支管和分支管，用于输送和分配用水。

4. 车站内部用水设备包括卫生间卫生器具、开水间开水器、各机房用水点水龙头以及车站冲洗水栓等。

5. 车站排水系统位于给排水系统的最末端，其功能为对车站内部一切污废水进行接收、汇集、排放，主要包括排水装置、收集管道、排放装置等。

6. 车站废水泵房设置在车站的线路最低点，结构渗水，站厅、站台冲洗和消防废水沿线路排水沟，经横截沟排至集水池。泵房内设两台排水泵，根据液位要求分别启动使用。

7. 车辆段的废水包含理发、淋浴废水和餐厅、食堂、汽车维护及洗车等含油废水。雨水排放系统由室外排水明沟（或埋地雨水沟）、PVC排水管、排水检查井等组成。

8. 每个地下车站平时功能为城市轨道交通车站，战时则作为城市的人民防空疏散通道及人员掩蔽部。车站设防标准按六级人防设计。防化等级，次要车站为丁级，重要车站为丙级。

9. 给水管道严禁跨越通信和电器设备用房。给水干管最低处设置泄水阀，最高处设置排气阀，排气阀一般设于设备用房端部没有吊顶的部位。

10. 在给排水工程中也应考虑到相应的人防要求。给水采用城市自来水作为给水水源，战时水箱进水管从车站内的给水管上接入。

练习与思考

一、单选题

1. 下列装置，哪个不是排水系统的组成？（　　）
   A. 污水系统　　　B. 废水系统　　　C. 冷冻水　　　D. 雨水系统

2. 下列哪个不属于车站给水系统？（　　）
   A. 生活给水系统　　B. 生产给水系统　　C. 废水系统　　D. 水消防给水系统

3. 下列哪一项不属于工班长的工作职责？（　　）
   A. 接受上级的领导，服从专业工程师的工作安排
   B. 负责协调不同专业、工班之间工作及专业内工班间的交接工作
   C. 负责安排本工班员工工作
   D. 负责解决本专业生产中的技术难题，为维护人员提供技术支援

二、多选题

1. 城市轨道交通车站给水系统的主要任务是满足（　　）的需求。
   A. 生产用水　　　B. 消防用水　　　C. 人防用水　　　D. 生活用水

2. 生产用水包括（　　）。
   A. 车站公共区域地坪等冲洗用水　　B. 车站设备用房洗涤盆用水
   C. 车站冲洗用水　　D. 冷冻水、冷却循环水系统补充水

3. 车站内部用水设备包括（　　）。
   A. 卫生间卫生器具　　B. 开水间开水器
   C. 机房用水点水龙头　　D. 车站冲洗水栓

三、填空题

1. 给水系统主要由（　　）系统、（　　）系统和（　　）系统组成。

2. 每个地下车站平时功能为城市轨道交通车站，战时则作为城市的人民（　　）通道及（　　）掩蔽部。车站设防标准是按（　　）级人防设计。防化等级，次要车

站为（　　　　）级，重要车站为（　　　　）级。

四、简答题

1. 车站运行管理的内容有哪些？
2. 给排水专业工程师的工作职责有哪些？
3. 简述潜水泵的装配过程。

第 5 章 低压配电与照明配电系统

学习目标

掌握低压配电系统的组成及分布。
掌握低压配电系统负荷的分类及供电方式。
掌握照明配电系统的配电方式和控制方式。
了解低压开关柜的基本结构与使用。
了解光照学的基本概念。
理解常用电光源的工作原理。
了解城市轨道交通集中电光源的选择。
掌握城市轨道交通中的照明方式及种类。
会对低压配电及照明配电系统进行日常维护
能够对室内照明配电系统进行简单的安装与调试。

学习要求

能力目标	知识要点	权 重
能描述低压配电系统的组成及工作过程,熟知低压配电系统负荷的分类及供电方式	低压配电系统的组成、工作原理,低压配电系统负荷的分类及供电方式,低压配电设备控制	35%
能描述电气照明装置的组成及工作过程,熟知轨道交通中照明方式及种类	电气照明装置的组成、工作原理,照明方式及种类,照明系统控制	35%
会对低压配电与照明配电系统进行日常巡视与维护,能够对室内照明配电系统进行简单的安装与调试	日常维护、定期维护内容,轨道交通室内配线的注意事项,暗敷的基本要求、布线方法	30%

5.1 低压配电与照明配电系统概述

5.1.1 城市轨道交通供电系统概述

城市轨道交通供电系统的根本作用是为城市轨道交通运营提供动力能源——电能。其供电电源一般取自城市电网，高压电通过输送或变换，以适当的电压等级供给设备，以保证电源的供应。

根据用电性质不同，城市轨道交通供电系统分为两部分：由牵引变电所为主组成的牵引供电系统和以降压变电所为主组成的低压配电与照明配电系统。

1. 牵引供电系统

牵引供电系统经由牵引变电所，将城市电网中压电降压、整流后变换成城市轨道交通需要的 750 V 或 1 500 V 的直流电传递给接触网，以提供列车动力电源。

2. 低压配电与照明配电系统

低压配电与照明配电系统则是以降压变电所为基础，将城市电网 10 kV 的中压配电降压为 380 V/220 V 或 660 V/380 V 的低压电，包含照明系统和低压配电系统两个子系统，是城市轨道交通供电系统的重要部分，主要作用是为低压设备提供和分配电能。

城市轨道交通与外部电源的供电系统结构如图 5-1 所示，虚线 2 上方为外部电源的供电系统，虚线 2 下方为城市轨道交通供电系统。

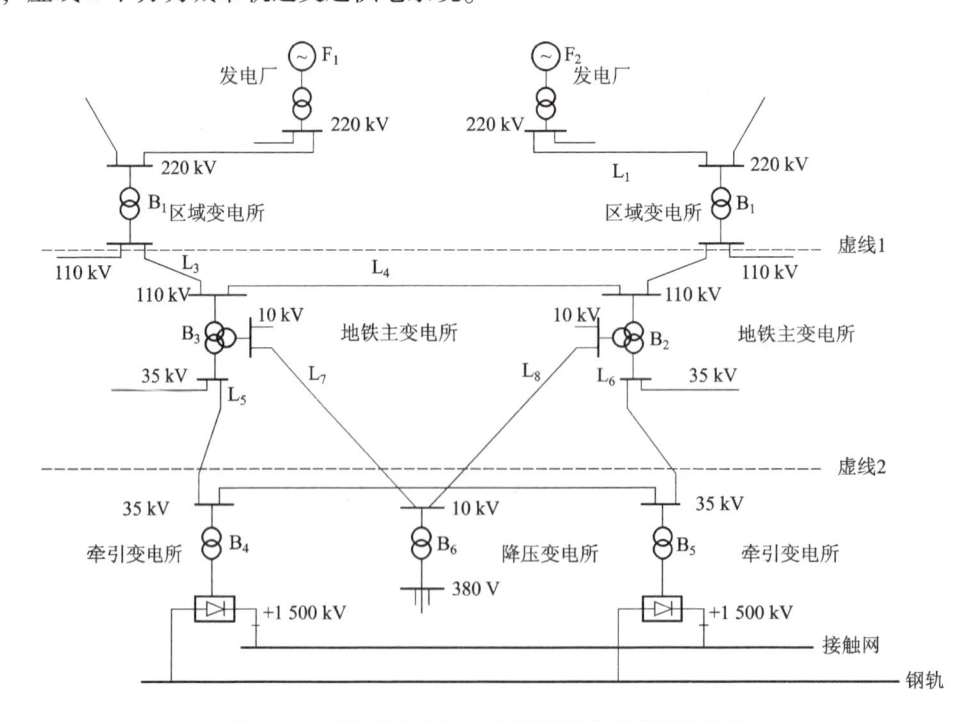

图 5-1 城市轨道交通与外部电源的供电系统结构

5.1.2　低压配电与照明配电系统的作用

低压配电与照明配电系统在城市轨道交通中占据举足轻重的地位，它的可靠性、安全性决定了通信、信号、设备监控、自动售检票、防灾报警以及消防等系统的运行质量，尤其体现在非正常工况状态下，它是城市轨道交通正常运营不可缺少的重要保障。总的来说，低压配电系统的作用是将低压电安全、可靠、合理地配置给各个用电负荷。具体要求如下：

1. 安全性

能够尽量防止人身触电，保证设备的正常运行，火灾时刻保证供电的正常进行。

2. 可靠性

保证城市轨道交通运营时刻的持续不间断供电，保证运营高峰时期的用电负荷容量（开关/线缆/变压器），保证良好的电力质量，保证过电流、过电压的继电保护，保证恶劣气候下的可靠运行。

3. 合理性

保证重点负荷的供电，经济运行，节约用电。

5.2　低压配电系统

5.2.1　低压配电系统的组成和分布

1. 低压配电系统的组成

供、配电系统均由三个部分组成，分别为电源（即来源）、输电线路和负荷。相应的，低压配电系统对应的三个具体的组成分别为低压配电室开关柜、低压电缆线路和设备配电箱。变电所内设有低压开关柜，各级设备的负荷电源都从低压开关柜接引，通过低压电缆线路流向各个用电设备，如图5-2所示。

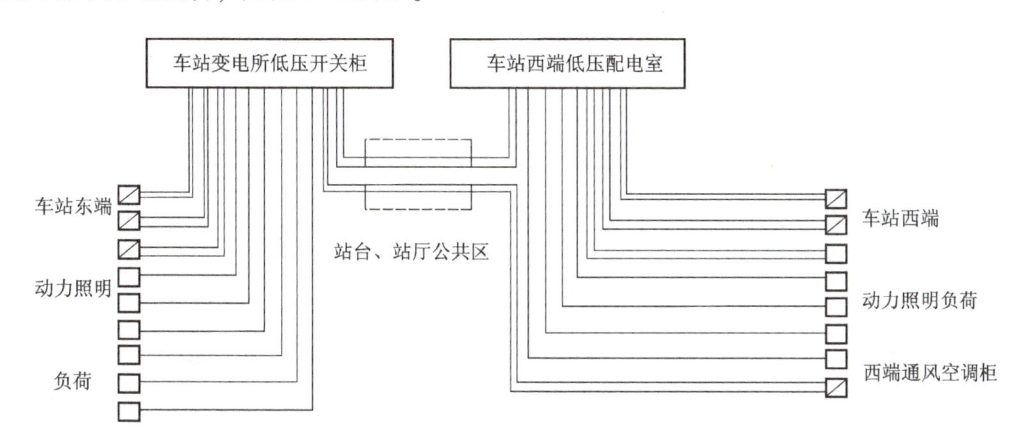

图 5-2　车站低压配电方式示意图

2. 低压系统设备室分布

车站变电所低压室、低压配电室各 1 座，分别布置在站台层的两端，各负责半个车站及区间的负荷；环控电控室 2 座，分别布置在站厅层的两端，各负责半个车站的环控负荷；照明配电室 4 座，分别布置在站台和站厅层两端；蓄电池室 2 座，分别位于站台层两端。

5.2.2　低压配电负荷的分类

1. 按照用途分类

低压配电负荷按用途分为动力设备负荷和照明负荷两类。

动力设备负荷主要有通信、防灾报警、信号、FAS、自动票务、屏蔽门、风机、空调器、气体灭火、垂直电梯、污水泵、BAS；扶梯、检修插座；冷冻机组、空调水泵、冷却塔、清扫插座。

2. 按照设备的重要程度分类

低压配电负荷按设备的重要程度分一级负荷、二级负荷和三级负荷。

1）一级负荷

一级负荷包括消防设备、通信、信号设备、自动售检票设备、事故风机、排风机、排烟机、废水泵、屏蔽门等。一级负荷设备极为重要，一级负荷设备的停电，将可能引发运营的延误或者乘客疏散的困难，导致较大伤亡事故。因此一般采用两路独立电源供给，并配有备用 UPS 电源。

2）二级负荷

二级负荷一般为风机、自动扶梯、直升电梯、污水泵等。二级负荷设备较为重要，二级负荷设备的停电，将可能引发运营的延误或者乘客疏散的困难，导致一定程度的受伤事故发生，一般采用两路独立电源供给。

3）三级负荷

三级负荷包括空调机、冷水机组及清扫、检修等设备。三级负荷相对重要性较低，三级负荷会导致乘客舒适度下降，但一般不会导致伤亡事故的发生。

5.2.3　低压配电设备的供电方式

供配电设备可分为车站降压变电所直接供配电设备和环控电控室供配电设备。环控电控室一般设置在空调通风机房、车站一端或两端。不同负荷、不同供电系统的供电方式各有不同，以下做简单阐述。

1. 一级负荷供电方式

一级负荷设备，例如通信系统、信号系统、站控室等，系统由降压变电所低压柜Ⅰ、Ⅱ段母线（即两路引自变电器电源）各引一路电源到设备附近，在设备末端设双电源自动切换箱（相对集中的小容量一级负荷为节省投资而共用一个双电源自动切换箱就近配电）。

2. 二级负荷供电方式

二级负荷设备，如自动扶梯、排污泵等，系统由降压变电所低压柜Ⅰ段或Ⅱ段母线引一路电源，当所在母线故障时，母联开关投入，由另一母线供电。当电网只有一路电源时，允许将其从电网中切除（人工切除）。

3. 三级负荷供电方式

三级负荷设备，如环控三类负荷、冷水机组、空调机等，系统由降压变电所低压柜三级负荷总开关引来一路单电源，一路总进线电源故障时自动被切除，人工复位。在火灾情况下，FAS 直接切断三级负荷总电源。

5.2.4 低压配电设备的控制

一般设备采用就地控制和综合控制两种方式。

1. 就地控制

就地控制指在设备附近，便于直接控制的控制方式。如自动扶梯一般都采用就地控制方式，事故状态下才会采用综控室联动控制，紧急停止扶梯。图 5-3 所示为自动扶梯的控制按钮，其中，上方红色为紧急停止按钮，紧急情况下按此按钮电梯将紧急停止。

图 5-3　自动扶梯的控制按钮

2. 综合控制

综合控制是指在车站综合控制室由 BAS 实现对风机、空调、水泵等设备的控制与监视，并将采集的信息送至中央控制室。

除了以上两种控制方式外，环控电控室直接的环控设备，如风机等，同时存在环控电控室控制方式，即在环控电控室内可对各环控设备进行控制，以保证环控的整体运行。

5.3 低压配电系统设备简介

5.3.1 低压开关柜

1. 低压开关柜的定义

低压开关柜是一个或多个低压开关设备和与之相关的控制、测量、信号、保护、调节等设备，由制造厂家负责完成所有内部的电气和机械的连接，用结构部件完整地组装在一起的一种组合体。中央控制室的计算机系统可与其联网；对各供配电回路的电参数进行监测；对断路器进行监视、控制。

2. 低压开关柜的特点

（1）结构紧凑，易于维护。
（2）预防和避免事故发生。
（3）减少设备维护和检修时间。
（4）实现数据资源共享。
（5）智能化。

3. 低压开关柜的分类

低压开关柜为封闭式户内成套设备，一般采用抽屉式柜体，便于运营维护。此种柜体也是目前低压柜的发展趋势。图5-4所示为某城市地铁低压开关柜实物。低压开关柜的分类名称及功能见表5-1。

图5-4 地铁低压开关柜实物

表5-1 低压开关柜的分类名称及功能

序号	名称	功能
1	母联柜	分配母线之间电能的传递，投切
2	馈线柜	分配电能

续表

序号	名称	功能
3	进线柜	接收电能并传递给主母线、配电母线
4	电机控制柜	风机、风阀等机电设备的控制
5	电容补偿柜	进行无功补偿，提高功率因数

4. 低压开关柜的组成部分

从结构上划分，低压开关柜由柜体、母线、功能单元三大部分组成，如图 5-5 所示。

1）柜体

柜体包括开关柜的外壳骨架及内部的安装、支撑件。

2）母线

母线包括一种可与几条电路分别连接的低阻抗导体。

3）功能单元

功能单元包括完成同一功能的所有电气设备和机械部件（包括进线单元和出线单元）。抽屉式功能单元可以在检修时将功能单元从柜体中抽出，在与开关柜完全隔离的情况下检修和操作。图 5-6 所示为开关柜的内部实物结构。

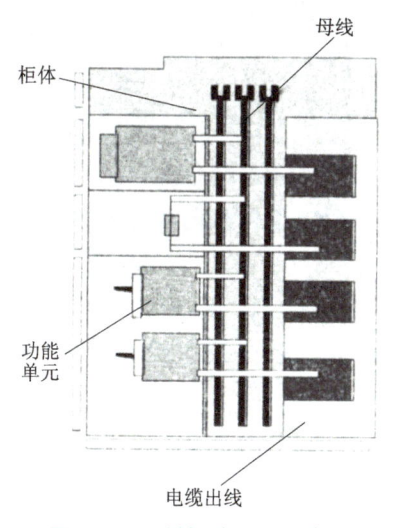

图 5-5 开关柜的组成示意图

图 5-6 开关柜的内部实物结构

5.3.2 电缆线路介绍

1. 电缆、电线的区别

电缆应用于由低压柜馈出至配电箱、双电源箱、控制柜回路，配电箱馈出至设备的连接，绝缘电压等级为 1 000 V。

电线应用于照明设备的连接、配电箱的出线，绝缘电压等级为 500 V。

2. 电缆、电线的应用

低烟低卤耐火型电缆或电线应用于 FAS、BAS、隧道风机、回风/排烟风机、风阀、组合空调箱、排烟风机、防火阀、垂直梯等火灾工况下。

低烟无卤型电缆或电线应用于有人值守场所，保障人身安全。

5.3.3 低压配电其他设备

除了以上介绍的低压配电设备外，地铁车站庞大的动力照明系统中还有大量的其他配电设备，总体来说，这些设备主要起到电能的上级接收和设备电能的供应控制。

1. 环控设备就地控制箱

环控设备就地控制箱安装于车站各环控设备附近，用于维修、调试各环控设备时的就地控制操作。图 5-7 所示为环控设备就地配电控制箱的外形，图 5-8 所示为环控设备就地配电控制箱的内部结构。

图 5-7 环控设备就地配电控制箱的外形

图 5-8 环控设备就地配电控制箱的内部结构

2. 防淹门控制柜

防淹门控制柜安装于过江隧道两端防淹门控制室及车站站控室，用于防淹门的操作控制。

3. 雨水泵控制柜

雨水泵控制柜安装于地下隧道入口处雨水泵控制室内，用于地下隧道入口处雨水泵的运行控制。

4. 废水泵、污水泵、集水泵控制箱

废水泵、污水泵、集水泵控制箱安装于车站废水泵、污水泵、集水泵用电设备附近，用于废水泵、污水泵、集水泵的运行控制。

5. 区间隧道维修电源箱

区间隧道维修电源箱安装于正线区间隧道内，约 80 m 设一台，提供隧道内设备维修作业时所需要的电源。

图 5-9 空气处理机电源箱

6. 电源配电箱、电源切换箱

电源配电箱、电源切换箱即动力配电箱，安装于车站各动力用电设备（如自动扶梯、水泵、信号设备、通信设备、自动售检票设备）附近，提供设备所需要的电源。图5-9所示为空气处理机电源箱，上方各按钮分别控制相关的风机、风阀等设备。

7. 防火阀电源配电箱

防火阀电源配电箱安装于车站防火阀相对集中处附近，提供给防火阀关闭电磁阀动作所需要的电源。

8. 自动扶梯应急停按钮

自动扶梯应急停按钮安装于车站控制室内，用于在发生紧急情况时自动扶梯的应急停机的控制。

5.4 城市轨道交通照明配电系统

电气照明是一门综合性的技术，它不仅应用了光学和电学方面的技术，也涉及建筑学、生理学等方面。电气照明在国民经济中占有相当重要的地位。人们的生产和生活各方面活动都需要应用电气照明技术，铁路企业也不例外，如铁路车站、货场、工厂、办公室等对电气照明都有一定的要求。

电气照明的重要组成部分是电光源和照明配件。照明技术的发展趋向：在电光源方面，要求提高光效、延长寿命、改善光色、增加品种和减少附件；在照明配件方面，要求提高效率、配光合理，并满足不同环境和各种光源的配套需要，同时采用新材料、新工艺，逐步实现灯具系列化、组装化、轻型化和标准化。总之，要求高质量、低费用。

目前国内外对电气照明技术的研究都十分重视。已经制造和正在试制的各种电光源种类繁多，大体上可分为热辐射光源和气体放电光源两大类。

（1）热辐射光源：它是当物体通过电流，使之加热而发光的辐射光源，其特点是能发出波长连续的光，给人以色调调和的良好感觉，如白炽灯、卤钨灯。

（2）气体放电光源：它是通电使原子受到激发而发光的放电光源。通过选用适当的发光物质，使发出的光几乎全部在人眼的灵敏度范围之内，并且效率也较高。不过由于它的光波长不连续，因而会使人有不自然的感觉。

> 小贴士：气体放电光源又可分为一般气体放电灯（如荧光灯、高压汞灯、氙灯）与高强度气体放电灯（简记为HID，如高压钠灯、金属卤化物灯）两类。

5.4.1 光的基础知识

1. 光的概念

光是指能引起视觉的辐射能，它是一种电磁波，又称可见光。其波长一般在380～

780 nm（纳米）内，不同波长的光给人的颜色感觉也不同。波长短于 380 nm 的称紫外线，波长大于 780 nm 的称红外线。其电磁波谱如图 5-10 所示。

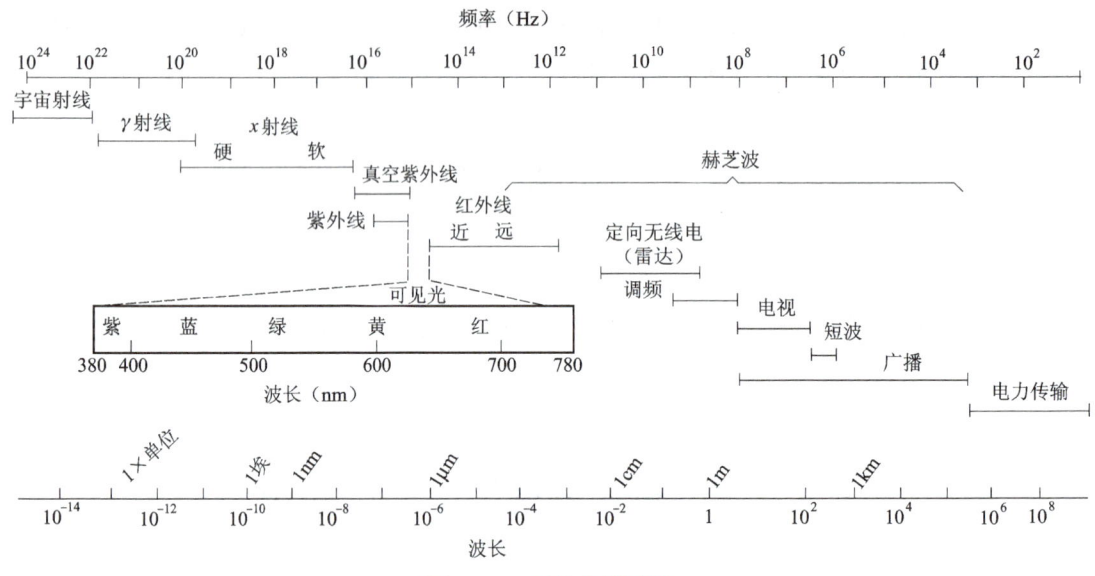

图 5-10 光的电磁波谱

2. 光通量

光源在单位时间内，向周围空间辐射并引起视觉的能量，称为光通量，以 Φ 表示，单位为 lm（流明）。

例如，一个 100 W 的白炽灯，在 220 V 的额定电压下发出的光通量为 1 250 lm；一个 40 W 的荧光灯，在 220 V 的额定电压下发出的光通量为 2 400 lm。

3. 发光效率

一个电光源所发出的光通量 Φ 与该光源所消耗的电功率 P 之比，称为发光效率，简称光效，以 η 表示，单位为 lm/W（流明/瓦），即：

$$\eta = \frac{\Phi}{P}$$

如上述的 100 W 白炽灯的 η = 12.5 lm/W；40 W 的荧光灯的 η = 60 lm/W。发光效率是电光源的重要技术指标。

4. 发光强度

发光强度是光通量的空间密度。光源在某一特定方向上单位立体角内（每球面度）辐射的光通量，称为光源在该方向上的发光强度，简称光强，以 I 表示，单位为 cd（坎德拉）。

若点光源在立体角 ω 内发出的光通量为 Φ，则 Φ 与 ω 之比为发光强度，即

$$I = \frac{\Phi}{\omega}$$

上式中，ω 是以光源为球心，以任意 r 为半径的球面上切出的球面积 S 对此半径平方的

比值，即 $\omega = S/r^2$。

单位为球面度。立体角 ω 的示意图如图 5-11 所示。

若光源在 1 球面度的立体角内均匀发出 1 lm 的光通量，则此光源的发光强度等于 1 cd。

在实际应用中，测得光源在空间各个方向的发光强度，并以光源中心为起点给出的矢量表示各个方向的发光强度的数值，则所有矢量的终端将形成一个曲面，这个曲面称为光度曲面。大多数光源的光度曲面对于通过光源中心点的垂直轴线是对称的，因此若用一通过垂直轴线的平面来切割光度曲面，则在此平面上就会形成一条曲线，称为发光强度曲线或光度分布曲线。

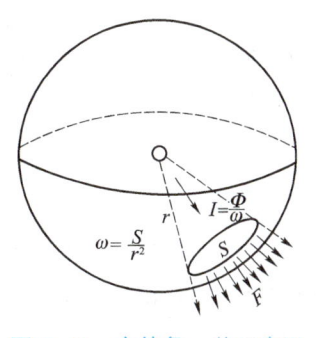

图 5-11 立体角 ω 的示意图

5. 照度

被照面单位面积上接收的光通量称为照度，其符号为 E，单位为 lx（勒克斯）。被光均匀照射的平面上的照度为：

$$E = \frac{\Phi}{A}$$

式中　A——被照面积，m^2。

即均匀分布的 1 lm 光通量在 1 m^2 的表面积上所产生的照度为 1 lx。在 1 lx 的照度下，人们仅可以看见四周的情况。工作场所的照度为 20～100 lx。满月在地上产生的照度仅为 0.2 lx。正午露天地面的照度达 100 000 lx。

被照面和光源之间的关系，可用照度和发光强度的关系来表示。如图 5-12 所示，图中点光源 S 到被照面的距离为 r，被照面的面积 A 上接受的光通量为 Φ，面积 A 所形成的立体角 ω 为：

$$\omega = \frac{A'}{r^2} = \frac{A \cdot \cos\alpha}{r^2}$$

图 5-12 平方反比定理示意图

光源在 α 角方向上的发光强度为：

$$I_\alpha = \frac{\Phi}{\omega}$$

所以

$$\Phi = I_\alpha \omega = I_\alpha \cdot \frac{A \cdot \cos\alpha}{r^2}$$

被照面的照度为：

$$E = \frac{\Phi}{A} = I_\alpha \cdot \frac{\cos\alpha}{r^2} \tag{5-1}$$

式（5-1）表明：当采用某方向发光强度为 I_α 的点光源照明时，受照面上某点的水平照度与它至光源的距离（r）的平方成反比，和入射角的余弦（$\cos\alpha$）成正比，此称为平方反比定律。实际上，所谓点光源是相对于光源至受照面的距离而言，当光源尺寸小于它到受照面的距离 1/10 时即可视为点光源。

式（5-1）说明，被照面离灯越近，它的照度越高，而且是按平方增长。正因为如此，在日常生活中，为了增加工作面上的照度，常将灯放低一些，并且尽可能将它放在工作面的正上方，这种作法就是为了缩短距离 r 和减小入射角 α。此式也反映了照度与光强成正比的关系。

在照明设计中，照度是一个很重要的物理量。国家规定了在各种工作条件下的照度标准。

6. 亮度

单元表面在某一方向上的光强密度，它等于该方向上的发光强度和此表面在该方向的投影面积之比。其符号为 L，单位为 nt（尼特），1 nt = 1 cd/m^2，由亮度的定义可给出亮度的公式为：

$$L = \frac{I_0}{S_1 \cos\theta} \qquad (5-2)$$

式中　S_1——发光表面（或被照面）的表面积；
　　　I_0——发光表面在人眼方向上的发光强度；
　　　θ——表面的法线与人眼方向的夹角。

相应亮度的图形如图 5-13 所示。表 5-2 列出了一些实际光源的亮度近似值。

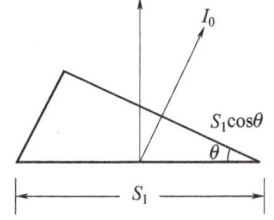

图 5-13　亮度的图形

表 5-2　一些实际光源的亮度近似值　　　　　　　　　　　　　　nt

白炽灯灯丝	$(300 \sim 1\,400) \times 10^4$
荧光灯	$0.6 \sim 0.9 \times 10^4$
晴天天空	$0.5 \sim 2 \times 10^4$
地面上看太阳	15×10^4

亮度也是照明装置的一个重要物理量，是决定物体明亮程度的直接指标。当发光表面的亮度相当高时，对视觉会引起不舒服及有害作用，这种情况称为耀光，它是发光表面的特性。由于耀光作用的结果所产生的视觉状态称为眩光，它是眼睛状态的特征。在照明设计中，为避免眩光，应限制直射或反射耀光，可采用保护角较大的灯具或采用带乳白色玻璃散光罩的灯具，也可通过提高灯具的悬挂高度来实现。耀光作用随耀光体与眼睛的角度不同而改变的特性如图 5-14 所示。

7. 色表与显色性

作为照明光源，除要求它发光效率高和成本低以外，还要求它发出的光具有良好的颜色。所谓光源的颜色有两个方面的含义，一是指人眼直接观察光源时所看到的颜色，称为光源的色表，以色温（K）表示。当光源发光的颜色与黑体加热到某一温度所发出的光的颜色相同时，则黑体的绝对温度就称为该光源的色温。色温在 2 000 K 时呈橙色；3 000 K 左右时为橙白色；4 500～7 500 K 时近于

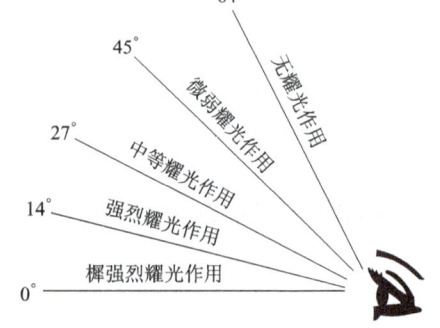

图 5-14　耀光作用随耀光体与眼睛角度不同而改变的特性

白色（5 500~6 000 K 最为接近）；日光的平均色温为 6 000~6 500 K。二是指光源的光照射到物体上所产生的客观效果，称为光源的显色性。如果各色物体受照的效果和标准光源（标准昼光）照射时一样，则认为该光源的显色性好（显色指数高）；反之，如果物体在受照射后颜色失真，则该光源的显色性就差（显色指数低）。显色性最优的以显色指数为 100 表示，其余光源的显色指数小于 100。

5.4.2 城市轨道交通照明配电系统的功能及设计原则

1. 照明配电系统的功能

城市轨道交通车站中的地下光环境较为特别，主要表现在长期没有自然光，导致车站内外光度差异大。因此，在照明设计时，地下照明需经过细致的设计，以保证乘客的舒适性和环境的明亮。同时，车站照明应能够辅助乘客更好地完成乘车等活动，并能够保证在特殊、危险时刻的疏散活动；另外，城市轨道交通日益成为人们文化生活的一部分，车站的功能也不单纯是输送乘客，不同地区的车站也需具备一定的艺术感染力和文化性。总之，城市轨道交通照明系统在车站设备中起着至关重要的作用。图 5-15 所示为上海地铁轨道交通车站照明。

(a)

(b)

图 5-15　上海地铁轨道交通车站照明
（a）上海地铁赤湾站照明；（b）上海地铁水湾站照明

(c)

图 5-15 上海地铁轨道交通车站照明（续）

(c) 上海地铁科苑站照明

2. 照明配电系统的设计原则

鉴于对城市轨道交通照明功能的多方要求，因此在设计的过程中，需注意以下基本原则：

（1）避免使出入城市轨道交通的人员感受过大的亮度差别。

（2）保证停留在城市轨道交通内人员的安全和舒适的感觉。

（3）光源的光色和灯具的安装位置都不能导致信号和图像相混淆。

（4）照明方式按照视觉工作程度、照度、显色性、配光及布置方法等因素选择。

（5）照度标准见表5-3。

（6）灯具布置按照照度充足均匀，维修方便、安全等因素选择。

（7）灯泡安装容量小、布置整齐美观、与建筑空间相协调，光线射向适当、无眩光、无阴影。

（8）安全节能，并具有一定的设计感，反映车站主题和文化。

表 5-3 照度标准表　　　　　　　　　　　　　　　　　　　lx

名　称	平均照度的平面位置	平均照度 低	平均照度 中	平均照度 高	应急照明
车站站厅、自动扶梯	地板	150	200	250	≥15
车站站厅	地板	150	200	250	≥15
出入口通道及公共区楼梯	工作面	150	200	250	≥15
站长室、车站综合控制室	工作面	200	250	300	≥100
售票机	工作面	200	250	300	≥30
进出站闸机	工作面	200	250	300	≥30
机械风道	地面	≥50			3

续表

名 称	平均照度的平面位置	平均照度 低	平均照度 中	平均照度 高	应急照明
通信、信号机械室	工作面	≥150			≥15
办公区走廊	地板	≥100			10
一般办公管理用房	工作面	≥100			0
区间隧道	轨顶面	≥20			3
渡线、线岔、折返线轨	轨顶面	≥20			3
变电所	工作面	≥150			100
各种机房	工作面	≥100			10

5.4.3 照明配电系统的方式及分类

1. 照明配电系统的方式

1) 一般照明

一般照明指不考虑特殊局部的需要,为照亮整个工作面而设置的照明。它由若干灯具对称排列在整个顶棚上组成,因而可以获得必要的照度均匀度。对于工作位置密度很大而对光照方向又无特殊要求,或工艺上不适宜装设局部照明装置的场所,宜单独使用一般照明。

2) 局部照明

局部照明指为满足某些部位的特殊需要而设置的照明。此种照明方式往往用于机床工作灯、台灯、斜照型灯或反射灯泡。在整个工作场所内不应只设局部照明,而无一般照明。

局部照明需要在下列情况下使用:

(1) 局部需要有较高的照度;

(2) 由于遮挡而使一般照明照射不到的某些范围;

(3) 需要减小工作区内的反射眩光;

(4) 为加强某方向光照以增强质感。

3) 混合照明

混合照明是一般照明与局部照明共同组成的照明。对于工作位置需要较高照度并对照射方向有特殊要求的场所,宜采用混合照明。混合照明中的一般照明,其照度不宜小于该等级混合照明照度的 10%~20%,且不宜低于 30 lx。

小贴士:城市轨道交通车站的地下地域特征及地铁运营性质也决定了车站内照明种类的多样化,进而决定了照明配电回路的数量不亚于动力用电回路。一般来说,城市轨道交通车站照明系统采用 380 V 三相五线制、220 V 单相三线制方式供电。

2. 照明配电系统的分类

1）按照照明位置分类

城市轨道交通照明配电系统是指车站降压变电所变压器后的照明设备及线路，大致包括以下四大部分：

(1) 站台、站厅公共区的一般照明、节电照明、事故照明和广告照明，如图 5-16 所示。

图 5-16　公共区域照明

(2) 出入口的一般照明、事故照明和广告照明。

(3) 设备及管理用房的一般照明、事故照明和出入口的疏散诱导指示照明。

(4) 电缆廊道的一般照明及区间隧道的一般照明和事故照明，如图 5-17 所示。

图 5-17　区间隧道照明

2）按照照明属性分类

按照照明属性及其作用的不同，将照明配电系统分为不同的类型，主要有节电照明、导向标志照明、出入口照明、站台站厅照明、广告照明、事故照明和疏散诱导指示照明等。不同属性的照明分别在不同的领域发挥其各自的作用。例如，标志照明保证乘客更为清晰快速地获取标志信息。

3）按照重要性分类

城市轨道交通照明负荷按照其重要性，可分为三个等级，此三个等级的分类与动力设备负荷的分类原则相一致。

(1) 一级负荷：节电照明、事故照明、疏散诱导指示照明和公共区工作照明。

(2) 二级负荷：设备区域一般照明和各类指示牌照明。

(3) 三级负荷：广告照明。

其中，一般照明是城市轨道交通车站地道、站厅、站台内设置灯具最多的一种照明。这种照明用来保证乘客在城市轨道交通车站能安全地候车和上下车。

5.4.4 照明配电系统的配电方式

照明配电系统根据其属性、用途及重要性的不同，配电方式也多有不同。图 5-18 所示为城市轨道交通车站照明配电系统的配电原理。以此图为基础，下面对不同照明的配电方式进行阐述。

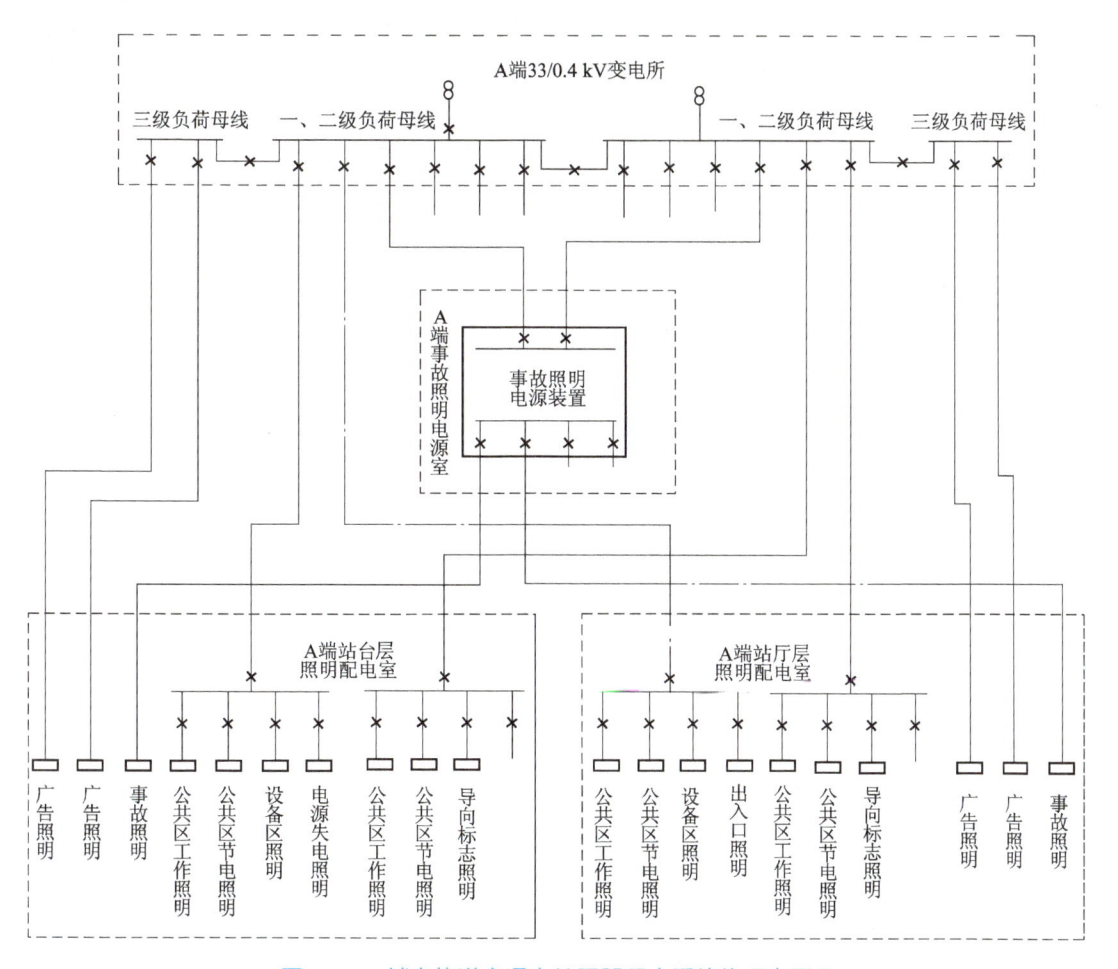

图 5-18 城市轨道交通车站照明配电系统的配电原理

1. 站台、站厅等一般照明

一般情况下，车站站台、站厅的两端各设置一个照明配电室，室内集中安装各类照明配电控制箱。在站台两端各设置一个事故照明装置室。一般照明、节电照明、设备及管理用房照明的电源，分别在降压所的低压柜两段母线上各馈出一路电源，与照明配电室的两个配电箱连接，以交叉供电方式向站台、站厅、设备及管理用房供电。

2. 事故照明

事故照明作为车站发生突发状况的"救命灯"，保证其正常的供电，尤为重要。事故照明的具体配电方式、设置方式如下：

1）事故照明的配电方式

事故照明正常采用交流双电源互为备用供电，一路失电，另一路接入电路。它是由低压所的低压柜两段母线上各送出一路电源，经事故照明配电室再送出给各事故照明。同样，疏散诱导指示照明由事故配电箱分配给单独回路供电，如此设计可保证事故照明不受其他照明负荷的干扰，在事故发生时仍然可以正常使用。

当两路电源均失电后，事故照明由车站两端设备的事故照明电源装置——蓄电池供电，电源装置由蓄电池组、充电器和逆变器组成。具体原理为：当交流电源失去后，蓄电池提供220 V 直流电源供电，经过逆变器将直流电逆变为交流电输出，一般可持续 1 h 供电；当电源恢复后，又自动切换回交流 380 V 供电，并利用整流器将交流电转变为直流电给蓄电池充电，保证蓄电池持续带电。图 5-19 所示为事故照明供电原理。

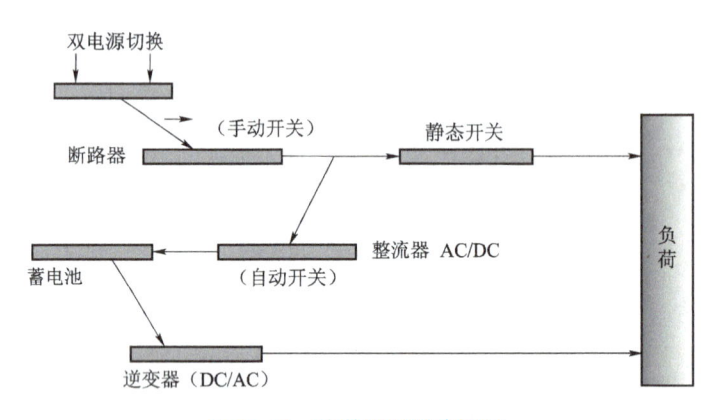

图 5-19 事故照明供电原理

2）事故照明的设置方式

（1）重要房间设置事故照明，事故照明照度为正常照度的 10%左右。

（2）站内通道每隔 20 m 设标志灯，距地面小于 1 m。

（3）站台、站厅及出入口为长明灯，不设集中控制。

（4）侧墙上诱导标志灯间距为 10~15 m，高度距地面 1 m。

（5）安全（疏散）出口标志灯应安装在出口的顶部或靠近出口上方的墙面上，如图 5-20 所示。疏散标志应安装在行人容易识别处，如图 5-21 所示。

图 5-20 安全出口指示

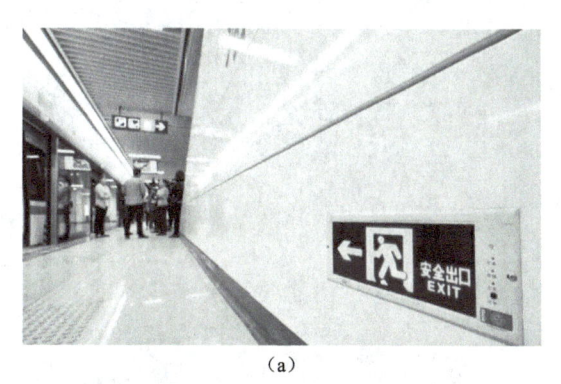

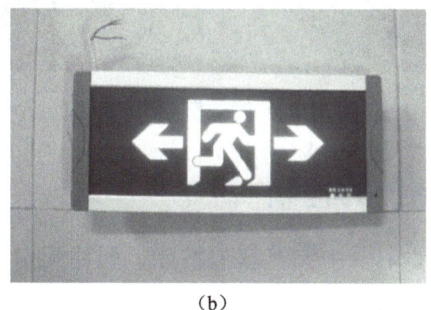

图 5-21 常见疏散诱导标志

（6）标志灯的下边缘距门的上边缘不宜大于 0.3 m，并与疏散方向垂直。

（7）标志灯的方向应指向最近的安全出口。

（8）当安全出口或疏散出口位于疏散走道侧面时，应在其前方位置的顶棚下设置疏散标志灯。

3. 广告照明

广告照明分布于站台、站厅公共区，采用日光灯灯箱的形式。一般由照明配电室配电箱统一分配供给，而在某些城市轨道交通车站，三级负荷的广告照明与正常的其他照明的供电电源是分开的。

4. 区间隧道照明

区间隧道照明均安装在两侧壁，如图 5-22 所示。其中，一般照明由设在站台两端隧道入口处，区间隧道一般照明箱配出，每间隔 20 m 一个，一般为 70 W 的高压钠灯；疏散照明每隔 20 m 一个，一般为 36 W 的荧光灯；指示照明、出口指示牌照明，每间隔 50 m 设置一个，各不同属性照明交叉设备。

图 5-22　隧道区间照明供电

5.4.5　照明配电系统的控制

照明配电系统的控制总的来说主要有就地控制、照明配电室控制和 BAS 集中控制（自动控制）。

1. 就地控制

各设备及管理用房进门处设有就地开关盒，可控制相应设备及管理用房的一般照明。区间隧道一般照明受设于隧道两端入口处的区间隧道一般照明配电箱控制。

2. 照明配电室控制

照明配电室设有相应照明场所的照明配电箱，可在室内集中控制相应场所的一般照明、节电照明、事故照明及广告照明。

3. BAS 集中控制

BAS 集中控制主要指通过环境与设备监控系统实现的控制。在其控制下，事故照明应具有防灾报警系统集中强启动功能，照明系统通过读取车站列车接发系统或旅客引导系统的信息，合理启闭站台灯具。

其主要功能有：

（1）具有系统联网自动控制及人工控制功能。

（2）按车次信息进行自动启闭灯具和降功率二次节能的功能。

（3）具有人工干预功能：可对列车晚点、更改站台股道、加开临客、车次停运进行人工干预。

（4）具有查询功能：可按站台、车次等查询照明工作情况，按通道、终端查询设备参数情况。

（5）具有检错功能：线路、接口设备、终端逻辑控制编、译码器故障均能自动显示在监视器上，对操作人员的错误操作具有汉字提示及操作指导。

（6）具备直接发送功能：可直接向任一控制终端发送干预信息。

小贴士：除了以上所讲的控制方式，各个控制照明的配电箱、低压配电室的开关柜也可以对照明系统进行控制。

5.4.6 车站照明常用灯具的选择

灯具选择过程中根据亮度的要求、颜色以及节能的角度来考虑。地下车站照明以荧光灯为主，事故照明采用白炽灯。区间照明及站台下、折返线查坑、车辆段检查坑内的安全照明采用白炽灯。随着科技的发展，LED 灯具也日益发挥其节能耐用的优势，得到了越来越多的应用。另外，不同位置的照明需要具备其自身的特点，进行特别的设计。以下即为不同区域的常用灯具及要求说明：

（1）区间照明灯具应具有防水、防尘、耐腐蚀的特点，灯具应具有一定的遮光性能。光源一般采用 60 W 的白炽灯、节能型荧光灯。

（2）车站照明，站厅、站台公共区照明以嵌入式格栅灯和筒灯为主。

（3）无吊顶房间照明采用管吊式荧光灯和筒灯为主。

（4）有吊顶房间照明采用嵌入式格栅灯、筒灯和吸顶灯。

（5）有火灾危险的场所照明采用防爆灯。

任务七　低压配电与照明配电系统日常维护

【任务分析】

低压配电及照明配电系统在城市轨道交通运营中意义非凡，每个工作人员都会与低压配电照明相关设备有所联系。因此，在日常工作中，要时刻关注该部分的情况。对于普通工作人员，当设备发生故障时，为了不造成更大范围的影响，由工作人员依照"先通后复"原则及相关规则暂做技术处理，并按手续报专业维修人员处理工作。

当发生严重漏水等事故时，工作人员要立刻暂停诸如自动扶梯等设备，以防止设备漏电对乘客造成伤害。当无法确定设备是否接地或者带电时，切忌轻易接触带电设备，做好安全防护，保证其接地后再进行操作。

【任务目标】

掌握城市轨道交通供电、照明的方式，会对低压配电与照明配电系统进行日常的巡视、维护及检修。

【实施步骤】

1. 低压配电与照明配电系统的日常巡视与维护

低压配电与照明配电系统的巡视以"望、闻、问、切、嗅"为主要手段。作为站务人员,在日常工作中,多留心照明情况,多"望"找到故障点,并及时通知维修人员。低压配电与照明配电系统周巡检见表5-4,月巡检见表5-5。

表5-4 照明配电系统周巡检

序号	项目	周期	巡检工作标准	巡检工作内容
1	照明配电箱	每周	1. 照明配电箱外观正常 2. 照明配电箱无明显异常	1. 检查照明配电箱外观、显示、按键、时间是否正常,试灯、消音功能检查 2. 做好检查记录、如发现问题及时报修或修复
2	双电源控制箱	每周	1. 双电源控制箱运行无异常、外观干净、环境无异常 2. 两路电源工作异常	1. 检查双电源控制箱是否正常运行,外观是否完好并除尘 2. 做好检查记录
3	EPS控制箱	每周	1. EPS控制箱工作正常 2. EPS控制箱外观干净无异常 3. 内部元器件正常	1. 检查EPS控制箱工作环境 2. 检查EPS控制箱设备外观 3. 做好检查记录

表5-5 照明配电系统月巡检

序号	设备	周期	检修工作标准	检修工作内容
1	智能照明	每月	1. 外观正常、时间正常、试灯正常、无异常信息、网关指示灯正常、主备电工作正常、孔洞已封堵、打印机工作正常 2. 外观及内部干净整洁	1. 检查主机外观、状态、时间、信息、主备电、网关、封堵、打印机 2. 清洁智能照明
2	双电源	每月	1. 外观正常 2. 主备电源工作正常	1. 检查双电源外观 2. 检查系统运行稳定情况 3. 检查主备电源是否工作正常
3	导向标志	每月	1. 外观干净、无破损 2. 安装牢固,接线可靠	1. 检查外围设备的外观 2. 检查接线松动情况

日常巡机与维护项目包括:

(1) 巡视设备外观,是否有污染、机械是否损伤。
(2) 巡查设备运行状态,"听""看""嗅",查抄电压表、电流表,有无故障报警指示。
(3) 检测设备运行温度和设备房温度。
(4) 巡查线路外观,是否有污染、机械损伤、过载老化,检查外皮温度、接头温度。
(5) 巡查灯具、外壳防护、光源,如发现灯具灯头两端变黑,需进行更换。
(6) 建立设备巡视记录,记录对比分析各次检查数据。

2. 计划检修

电力设备在进行检修的过程中,在购置后即需要对电力设备的检修做好计划,并按照计划进行检修，低压配电与照明配电系统季巡检见表5-6，年巡检见表5-7。主要包括以下内容：

（1）定期做好设备的清洁、刷防护漆、配电房的清洁。

（2）定期更换易损元器件。

（3）检查接头温度、接线有否松动、连接件是否紧固。

（4）检查开关元器件的机械动作。

（5）检查各电器接口，进行电器交接试验，并进行接口联动测试。

（6）检查设备线路绝缘情况，严查漏电现象。

（7）进行备用设备检测，如果发现设备损坏，应立即更换。

（8）定期对蓄电池充放电维护，检测蓄电池溶液位置，如发现溶液容量不达标，立即更换。

（9）测量设备的三相电流、电压、相序（维修后需检测）。

表5-6 照明配电系统季巡检

序号	设备	周期	检修工作标准	检修工作内容
1	月检包含的设备	每季度	月检包含的检修工作标准	月检包含的检修工作内容
2	照明配电箱	每季度	1. 照明配电箱外观正常 2. 各指示灯正常 3. 内部元器件无发热情况	1. 照明配电箱外观是否正常 2. 各指示灯是否正常 3. 内部元器件有无发热情况
3	车站灯具	每季度	1. 车站灯具能满足车站照度要求 2. 车站灯具无明显外观损坏	1. 车站灯具能否满足车站照度要求 2. 车站灯具有无明显外观损坏 3. 有无照明死角
4	灯塔	每季度	1. 功能正常 2. 控制箱无明显锈蚀	1. 检查功能是否正常 2. 如有锈蚀，做除锈处理
5	疏散指示	每季度	1. 能正常工作 2. 绝缘电阻在规定值以上	1. 检查疏散指示是否能正常工作 2. 做好检查记录

表5-7 照明配电系统年巡检

序号	设备	周期	检修工作标准	检修工作内容
1	季检包含的设备	每年度	1. 季检包含的检修工作标准 2. 照明配电功能正常	1. 季检包含的检修工作内容 2. 检查照明配电功能是否正常
2	车站灯具照度测试	每年度	车站灯具照度满足运营要求	1. 检查车站灯具照度测试 2. 灯具完好率是否达标
3	防雷、接地测试	每年度	防雷、接地合格	接地电阻是否合格，能否满足防雷需求

任务八　室内照明工程的安装与调试

【任务分析】

1. 轨道交通室内配线的注意事项

（1）电线、电缆穿管前，应清除管内的杂物和积水。钢管配线时先戴护口后穿线。

（2）穿入管中的导线，任何情况下都不允许有接头、背花、死扣或绝缘损坏后又包扎过胶带等情况，接头必须经专门的接线盒。三根相线（火线）分别采用 L1 相线黄色、L2 相线绿色、L3 相线红色，中性线 N 线（零线）采用淡蓝色导线，保护线 PE 线（地线）采用黄绿相间的双色线。

（3）线盒及箱内导线预留按规范保证足够长度。

（4）布线时应尽量减少导线的接头，导线与设备器具的连接按规范规定，截面为 10 mm² 以下的单股铜芯线采用直接连接，其他规格采用压接端子连接。

（5）配线工程施工后必须进行各回路绝缘测试，保证地线连接可靠。选用 500 V、0～500 MΩ 的绝缘电阻表测量，照明线路绝缘电阻值不小于 0.5 MΩ，动力线路绝缘电阻值不小于 1 MΩ。

（6）导线管槽与热水管、蒸汽管同侧敷设时，应敷设在水、汽管的下方；有困难时，可敷设在其上方，但相互间的距离应适当增大或采取隔热措施。

2. 暗敷的基本要求

线路敷设分为明线敷设和暗线敷设两种。两者是以线路在敷设以后，能否被人们用肉眼直接观察到来区分的。暗线敷设简称暗敷，是将导线穿进保护管（金属管、塑料管）后敷设在建筑或构筑物构件（地板、天棚、墙、梁、柱等）的内部。目前轨道交通建筑广泛应用暗线敷设。

（1）为了用电安全，要么一律使用钢管，要么一律使用硬塑料管，不允许二者混合，并且采用同样材料的附件（接线盒、灯座盒、插座盒、开关盒等）。管材质量要好，无裂纹、硬伤，管内无杂物。

（2）暗管直径可按管子中所安装导线的根数与截面积选定，暗管内径的标准见表 5-8。

表 5-8　敷设导线所采用的暗管内径　　　　　　　　　　mm

导线截面积/mm²	暗管中导线根数/根			
	1	2	3	4
1.5	13	13	13	13
2.5	13	13	19	19
4	13	19	19	19
6	13	19	19	19

(3) 暗管管口没有毛刺、锋口，暗配管弯曲半径大于管外径的 10 倍，不可弯扁或被机械力压扁，否则会造成拉伤导线，穿线困难甚至穿不过去，故弯扁程度不应大于管外径的 10%。

(4) 当暗装在具有易燃结构部位时，应对其周围的易燃物做好防火隔热处理。

(5) 管内导线的截面积铜线最小不低于 1.0 mm^2，铝线最小不低于 2.5 mm^2；耐压等级不低于 500 V（控制线除外）。

(6) 不同电流种类、不同电压、不同回路、不同电度表的导线不能穿在同一根管内。但是同一台电动机的控制线和信号线，同一设备的多个电动机或电压为 65 V 及以下的照明线路等，可以共同穿在一根管内，但总数不得超过 10 根。

(7) 三根及以上绝缘导线穿于同一根管时，其总截面积（含外护层）不应超过管内有效净面积的 40%。

(8) 穿金属管和穿金属线槽的交流线路，应将同一回路的所有相线和中性线（如有中性线时）穿于同一管槽内。如果只穿部分导线，则由于线路电流不平衡而产生交变磁场作用于金属管、槽，导致涡流损耗，对钢管还将产生磁滞损耗，使管、槽发热，而导致其中的绝缘导线过热甚至烧毁。

3. 穿钢管布线

钢管布线时导线可以受到钢管的保护，不易遭受机械损伤，不受潮湿、多尘等环境的影响，更换导线方便，并且由于钢管是导体，若施工中正确接地，可以减轻发生故障时可能造成的触电危险，是目前采用较多的布线方法之一。

布线用钢管有电线管（TC）和水煤气管（SC）两种。电线管壁薄，壁厚约 1.6 mm，适宜敷设在干燥的场所；水煤气管壁厚约 3 mm，在潮湿场所或埋地敷设时采用。钢管的安装工艺有弯管、截断、绞牙、连接。

4. 穿硬塑料管布线

硬塑料管（PC）具有质量小、阻燃、绝缘、耐酸碱、耐腐蚀的优点，所以在轨道交通建筑中应用广泛，而且塑料管的锯断、弯曲、连接施工都比较方便。硬塑料管的安装工艺有连接、弯曲、截断。

【任务目标】

1. 了解轨道交通照明配电系统的施工过程和施工内容。
2. 掌握简单的轨道交通照明工程的安装方法。

【实施步骤】

1. 穿线

穿线的基本方法如图 5-23 所示。先穿入引线，在不穿入管子的一端先弯成一个适当大小的钩子，将另一端慢慢推入管中；当管路较长或在其他情况下，也可将引线在布管之前穿入，当引线到达线路另一端接线盒之后便可穿线。穿线时将欲穿入导线结扎在带钩的一端，注意结扎必须牢靠，以防在引入过程中，全部或个别导线送脱，一人拉，一人送，拉力要适度，速度要均匀，手感增重时应停下来检查原因，不能强行用力，防止导线脱钩或拉断。为了减小导线在管子中的摩擦，穿线时要将绝缘导线捋直，最好打一些滑石粉。穿线完毕后应将所剩导线剪断，留长度为该处孔洞周长一半的线头，以便于接线；对于穿入管中的导线，若在一个接线盒中线头较多，通常应在其上留明显标记，防止接错线。

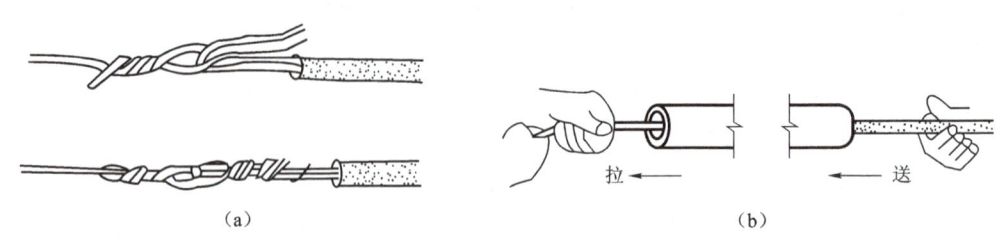

图 5-23 穿线

(a) 铅丝和导线连接；(b) 铅丝引导

注意，扫管穿线时要防止钢丝的弹力伤人；两个人穿线时要注意相互配合，一呼一应，有节奏进行，不要用力过猛以免伤手。

2. 照明配电箱的接线

1）配电箱的安装工艺流程

设备进场检查—弹线定位—固定暗装配电箱—面组装—箱体固定—绝缘摇测。

2）照明配电箱的接线

照明配电箱内装有电度表、断路器、漏电保护器等电器，有上进下出、上进上出、下进下出等几种形式。目前我国轨道交通建筑物内低压供配电系统为 TN-S 系统（三相五线制），配电箱内设有零（N）线和保护线（地线，PE）接线端子汇流排，零线和保护线应在汇流排上连接，不得绞接。照明配电箱内电器接线时应按照电器安装方向上入下出或左入右出，接线排列整齐，连接牢固。图 5-24 所示为某户配电箱安装接线。

当配电箱内装有漏电保护器时，应根据漏电保护器的极数正确接线。漏电保护器和断路器合为一个整体时，称为漏电断路器（vigi）。漏电断路器按极数和电流回路数有单极两线（1P+N）、双极（2P）、三极三线（3P）、三极四线（3P+N）和四极（4P）5 种形式，接线原理如图 5-25 所示。1P+N、2P 用于单相线路，3P 用于三相三线线路，3P+N、4P 用于三相四线电路。1P+N、2P 的区别在于是否同时切断相线和中线。

3. 开关及插座安装

1）开关及插座安装要求

（1）开关及插座规格、型号应符合设计要求，产品应有合格证，所有开关的切断位置应一致，灯具的相线（火线）应经开关控制，单相插座应左零右火，三孔或三相插座接地保护均在上方；翘板开关距地面为 1.4 m，距门口为 15~20 cm，开关不得放在门后，成排安装的开关、插座高度应一致，高低差不大于 2 mm，同一室内安装的插座高低差不应大于 5 mm。

（2）插座接线应符合规定，单相两孔插座，面对插座的右孔或上孔与相线连接，左孔或下孔与零线连接；单相三孔插座，面对插座的右孔与相线接连，左孔与零线连接；单相三孔、三相四孔及三相五孔插座接地（PE）或接零（PEN）线接在上孔。插座的接地端子不与零线端子连接。PE 或 PEN 线在插座间不串联。

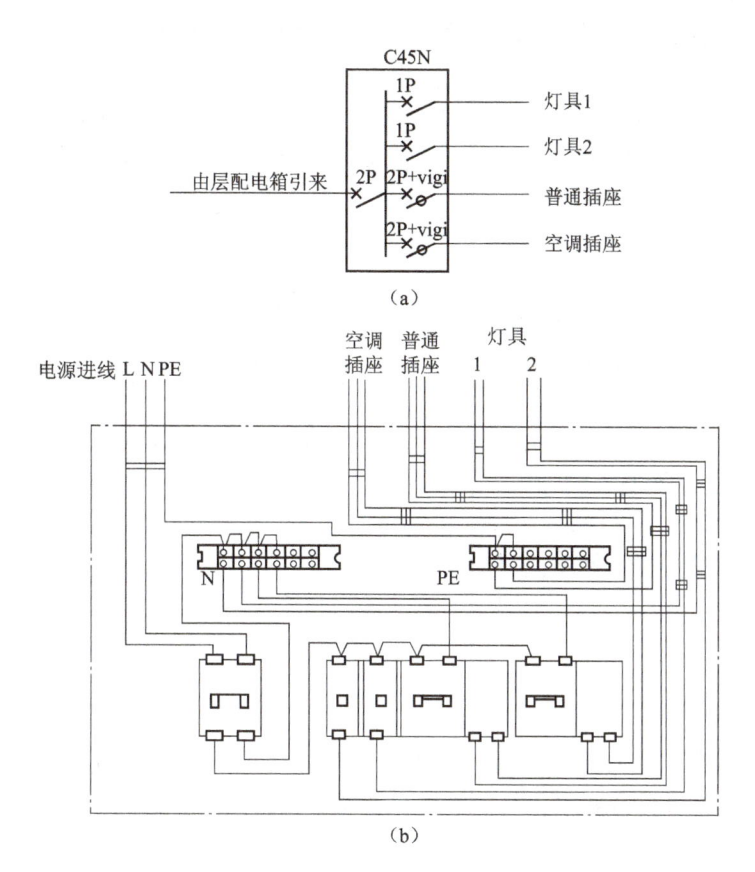

图 5-24 某户配电箱安装接线示意图

（a）系统图；（b）接线图

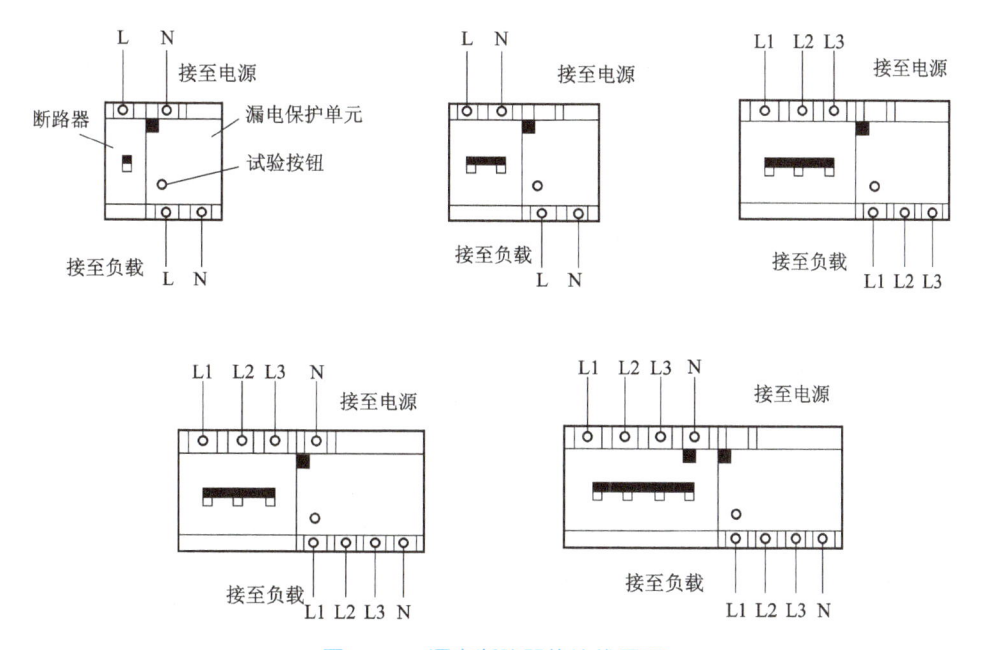

图 5-25 漏电断路器的接线原理

2) 开关及插座安装方法

开关及插座一般都为定型产品。开关及插座外形如图 5-26 所示。

安装开关及插座时，应配专用的底盒。底盒在配管配线时用胀管螺丝固定好，电线从底盒敲落孔穿入，留 15 mm 左右，剥去线头绝缘层，与接线柱压好，注意线芯不能外露。开关、插座接好线后，用螺钉固定在底盒上，再盖上孔塞盖即可，如图 5-27 所示。

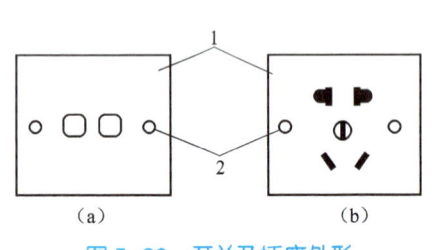

图 5-26 开关及插座外形
(a) 开关；(b) 插座
1—面板；2—安装孔

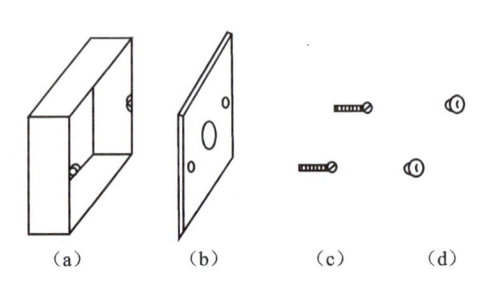

图 5-27 开关或插座安装方法
(a) 底盒；(b) 开关或插座；
(c) 螺钉；(d) 孔塞盖

4. 灯具安装

1) 灯具安装要求

（1）灯具安装前，应对灯具进行外观检查，完好无损的灯具方可使用。根据灯具的安装场所，检查灯具是否符合要求，灯内配线是否符合设计及工艺标准，检查标志灯的指示方向是否正确，应急灯是否可靠灵敏。

（2）灯具安装最基本的要求是牢固。3 kg 以上的灯具须埋吊钩或螺栓，预埋件必须牢固可靠。室内灯具安装低于 2.4 m 处，灯具金属外壳应做良好接地处理以保证使用安全。

2) 灯具安装方法

灯具的安装方法主要有吸顶安装、嵌入式安装、吸壁安装及吊装。其中吊装又分为线吊、链吊及管吊。

小型、轻型吸顶灯安装时，把灯具的底座用膨胀螺栓或塑料胀管固定在顶棚上，再把吸顶灯与底座固定即可。固定灯座螺栓的数量不应少于灯具底座上的固定孔数，且螺栓直径应与孔径相配；底座上无固定安装孔的灯具（安装时自行打孔），每个灯具用于固定的螺栓或螺钉不应少于 2 个。如果吸顶灯中使用的是螺口灯头，则其接线还要注意：

（1）相线应接在中心触点的端子上，零线应接在螺纹的端子上。

（2）灯头的绝缘外壳不应有破损和漏电，以防更换灯泡时触电。

5. 安装中容易出现的问题

1) 管内穿线

先穿线后戴护口或者根本不戴护口；导线背扣或死扣，损伤绝缘层；相线未进开关，螺口灯头相线未接到灯头的舌簧上；穿线不分颜色等。

2) 导线连接

剥除绝缘层时损伤线芯；接头不牢固；多股导线连接设备、器具时未用接线端子；压头时不满圈；未用弹簧垫圈造成接点松动。

3) 箱、盘安装

箱体不方正、变形；箱盘面接地位置不明显。

4) 开关及插座安装

暗开关、插座芯安装不牢固；插座左零右火上接地接线错误；插座开关接线头不打扣；导线在孔里松动。

5) 灯具安装

灯具安装不牢；灯具接线不对；螺口错接在火线上，螺口带电。

知识拓展——环控冷水系统常见故障及处理方法

1. 紧急故障（事故）的分析与处理

1) 局部应急照明

(1) 使用应急灯。

(2) 使用活动线架或橡套电缆就近接取电源，使用手提行灯或荧光灯管或碘钨灯照明。

(3) 使用汽油发电机发电，使用手提行灯或荧光灯管或碘钨灯照明；或将汽油发电机输出电源馈送至需局部应急照明场所原照明开关箱进线开关下桩。

2) 局部应急排水

(1) 使用活动线架或橡套电缆就近接取电源，使用给排水专业单相水泵或三相水泵进行排水。

(2) 使用给排水专业柴油水泵进行排水。

(3) 使用汽油发电机发电，使用给排水专业单相水泵进行排水。

3) 隧道口雨水泵控制柜故障应急处理

当雨水泵控制柜出现故障且需做应急排水处理时，可将雨水泵电动机电源线直接接于控制柜进线空气开关下桩（注意相序及电动机转向）做排水应急处理。此时需人工监视雨水泵运行和水位情况。

4) 车站环控电控室双回路电源进线自投及自复故障

正常情况下，环控电控室电控柜（一、二类负荷）由双回路进线电源同时供电（两个进线断路器同时闭合，母联断路器分断）。当其中一回路进线电源失电时，此失电回路电源进线断路器自动分断，母联断路器自动闭合，环控电控柜由另一回路进线电源供电。当失电回路进线电源恢复供电时，母联断路器自动分断，原失电回路进线电源断路器自动闭合，环控电控柜自动恢复双回路进线电源供电。

当出现下列情况时，应手动操作两回路电源进线断路器及母联断路器，确保系统处于正常供电状态。

(1) 当其中一回路进线电源失电，失电回路电源进线断路器不能自动分断，母联断路器不能自动闭合时，应手动将失电回路电源进线断路器分断，将母联断路器闭合，确保环控电控柜（一、二类负荷）由另一回路电源供电，并查找故障原因。

(2) 当失电回路进线电源恢复供电，母联断路器不能自动分断，原失电回路进线电源断路器不能自动闭合时，应手动将母联断路器分断，将原失电回路进线电源断路器闭合，恢复环控电控室双回路进线电源供电，并查找故障原因。

2. 典型故障（事故）的分析与处理

1）空气开关（或断路器）跳闸

(1) 查核开关本体是否受损。

(2) 查核负载设备是否故障，量测负载设备及线路绝缘。

(3) 查对开关额定电流值与开关实际负载电流值，如不匹配则更换开关或调整负载。

(4) 查对开关整定值（长延时倍数与动作时间、短延时倍数与动作时间、瞬动倍数与动作时间）与开关实际负载电流值及上下级开关，如不匹配则调整整定值。

(5) 如核查无任何异常，可试重合开关。

2）线路短路

(1) 使用电缆故障测试仪查找短路点，绝缘处理后予以恢复。

(2) 沿电缆敷设路径查找异常点，绝缘处理后予以恢复。

(3) 如线路较长，可将电缆分段查找异常点，绝缘处理后予以恢复。

(4) 当异常点无法确认时，重新分段或整条敷设电缆予以替换。

3）线路断路

(1) 使用电缆故障测试仪查找开路点，重新驳接处理后予以恢复。

(2) 沿电缆敷设路径查找异常点，重新驳接处理后予以恢复。

(3) 如线路较长，可将电缆分段查找异常点，重新驳接处理后予以恢复。

(4) 当异常点无法确认时，重新分段或整条敷设电缆予以替换。

4）控制系统失灵、显示故障

(1) 查核失灵、故障现象。

(2) 根据控制原理查核控制系统失灵、故障原因，处理后予以恢复。

项目小结

1. 根据用电性质不同，城市轨道交通供电系统分为两部分：由牵引变电所为主组成的牵引供电系统和以降压变电所为主组成的低压配电与照明配电系统。牵引供电系统经由牵引变电所，将城市电网中压电降压、整流后变换成城市轨道交通需要的 750 V 或 1 500 V 的直流电传递给接触网，以提供列车动力电源。

2. 低压配电与照明配电系统则是以降压变电所为基础，将城市电网 10 kV 中压配电降压为 380 V/220 V 或 660 V/380 V 的低压电，包含照明配电系统和低压配电系统两个子系统，是城市轨道交通供电系统的重要部分，主要作用是为低压设备提供和分配电能。

3. 供配电系统均由三个部分组成，分别为：电源（即来源）、输电线路和负荷。相应的，低压配电系统对应的三个具体的构成分别为低压配电室开关柜、低压电缆线路和设备配电箱。

4. 低压配电负荷按用途分为动力和照明负荷两类。低压配电负荷按设备的重要程度分一级负荷、二级负荷和三级负荷。

5. 供配电设备可分为车站降压变电所直接供配电设备和环控电控室供配电设备。一般设备采用就地控制和综合控制两种方式。综合控制是指在车站综合控制室有 BAS，实现对风机、空调、水泵等设备的控制与监视，并将采集的信息送至中央控制室。就地控制指在设备附近，便于直接控制的控制方式。

6. 低压开关柜是一个或多个低压开关设备和与之相关的控制、测量、信号、保护、调节等设备，由制造厂家负责完成所有内部的电气和机械的连接，用结构部件完整地组装在一起的一种组合体。

7. 环控设备就地控制箱安装于车站各环控设备附近，用于维修、调试各环控设备时的就地控制操作，防淹门控制柜安装于过江隧道两端防淹门控制室及车站站控室，用于防淹门的操作控制。自动扶梯应急停按钮安装于车站控制室内，用于在发生紧急情况时自动扶梯的应急停机控制。

8. 当两路电源均失电后，事故照明由车站两端设备的事故照明电源装置——蓄电池供电，电源装置由蓄电池组、充电器和逆变器组成。事故照明正常采用交流双电源互为备用供电，一路失电，另一路接入电路。

练习与思考

一、单选题

1. 低压配电负荷按设备的重要程度分为一级负荷、二级负荷和三级负荷。其中哪个不属于一级负荷？（ ）

　　A. 消防设备　　　　B. 冷水机组　　　　C. 信号设备　　　　D. 事故风机

2. 下列哪个不属于低压开关柜的组成？（ ）

　　A. 柜体　　　　　　B. 盘管　　　　　　C. 母线　　　　　　D. 功能单元

3. 低压配电负荷按设备的重要程度分一级负荷、二级负荷和三级负荷。其中哪个不属于二级负荷？（ ）

　　A. 自动扶梯　　　　　　　　　　　　　B. 直升电梯

　　C. 清扫、检修设备　　　　　　　　　　D. 污水泵

二、多选题

1. 低压配电系统对应的三个具体的构成分别为（ ）。

　　A. 低压配电室开关柜　　　　　　　　　B. 电流表

　　C. 低压电缆线路　　　　　　　　　　　D. 设备配电箱

2. 低压开关柜的特点主要有（ ）。

　　A. 结构紧凑，易于维护　　　　　　　　B. 预防和避免事故发生

161

C. 减少设备维护和检修时间　　　　D. 实现数据资源共享

3. 变频多联空调机整体结构要求有（　　）。

A. 室外机应具有以下保护装置：高压开关、保险丝、易熔塞、过电流保护器、定时保护器等，并带有防盗设施

B. 机组的黑色金属制件表面应进行防锈蚀处理

C. 机组电镀件表面应光滑、色泽均匀，不得有剥落、针孔，不应有明显的花斑和划伤等缺陷

D. 每台室内机应分别配置一个中文显示的有线控制器

三、填空题

1. 根据用电性质不同，城市轨道交通供电系统可分为由牵引变电所为主组成的（　　）和以降压变电所为主组成的（　　）两部分。

2. 牵引供电系统经由牵引变电所，将城市电网中压电降压、整流后变换成为城市轨道交通需要的（　　）V 或（　　）V 的直流电传递给接触网，以提供列车动力电源。

3. 低压配电与照明配电系统则是以降压变电所为基础，将城市电网 10 kV 中压配电降压为（　　）或（　　）的低压电，包含（　　）系统和（　　）系统两个子系统，是城市轨道交通供电系统的重要部分，主要作用是为低压设备提供和分配电能。

四、简答题

1. 简述照明系统的设计原则。
2. 简述电缆、电线的区别。

附录　给排水设备的维修管理与工作内容

序号	设备名称	修程	维修管理工作内容	周期
1	区间及车站排水压力井、化粪池	日常操作、管理	日常巡视	每天
		日常保养	与市政接口管道、水泵接口管道及坑井清疏	每季度
			坑井、盖板及标志修复	必要时
		二级保养	化粪池的清洗	每年
		小修	无	
		中修	因城建等原因导致压力井或化粪池需重新砌筑	必要时
2	车站水表及水表井	日常操作、管理	日常巡视	每天
			水表抄录	每月
		日常保养	水表渗漏性及坑井外形完整性检查	每天
			坑井及盖板修复	必要时
		二级保养	无	
		小修	阀门维修	故障时
			水表维修	故障时
		中修	更换水表	必要时
			更换阀门	必要时
3	地面消防结合器、消防地栓	日常操作、管理	外形完整性、渗漏性巡视	每天
		日常保养	无	
		二级保养	外表除锈、刷漆	每年
			阀门外表除锈、刷漆	每年
		小修	消防结合器、消防地栓后阀门维修	故障时
			更换大小头	
		中修	消防结合器、消防地栓后阀门更换	必要时
			消防结合器、消防地栓更换	必要时
4	电动蝶阀闸阀冲洗栓	日常操作、管理	阀门开关状态是否正确	每天
		日常保养	关闭、开启阀一次	每周
		二级保养	刷漆	每年
		二级保养	检查密封铜圈有无脱落，并更换	必要时
		小修	检查密封铜圈有无脱落，并更换	每年
			更换密封填料	每年
		中修	更换阀杆	必要时
			更换阀门	
			冲洗栓增加或改变其位置	
			更换冲洗栓	

续表

序号	设备名称	修程	维修管理工作内容	周期
5	潜水泵（雨水泵、污水泵、废水泵、集水泵）	日常操作、管理	日常巡视	每天
			出水压力管上的压力表读数记录	每天
		日常保养	泵运转声音是否正常	每天
			水泵及周围环境的清洁	每天
			润滑油位的检查	每季
			控制箱显示是否正常	每天
		二级保养	润滑油的更换	每季
			检查固定水泵底座的不锈钢机丝是否松动	每月
			更换已锈蚀的螺丝	必要时
			检查水泵与泵座是否吻合，更换水泵与泵座的胶垫片	每月
			检查泵叶轮泵轴等内部零件的磨损情况	每年
			检查轴承的磨损情况及更换润滑油	每年
			用泵抽清水清洗	每季
		小修	润滑油的更换	每季
			检查固定水泵底座的不锈钢机丝是否松动	每月
			更换已锈蚀的螺丝	必要时
			检查水泵与泵座是否吻合，更换水泵与泵座的胶垫片	每月
			检查泵叶轮泵轴等内部零件的磨损情况	每季
			检查轴承的磨损情况及更换润滑油	每年
			用泵抽清水清洗	每季
			更换叶轮	必要时
			更换电缆	必要时
		中修	润滑油的更换	每季
			检查固定水泵底座的不锈钢机丝是否松动	每年
			更换已锈蚀的螺丝	每月
			检查水泵与泵座是否吻合，更换水泵与泵座的胶垫片	必要时
			机械密封件的检查或更换	每月
			检查泵叶轮泵轴等内部零件的磨损情况	必要时
			检查轴承的磨损情况及更换润滑油	每季
			用泵抽清水清洗	每年
			水泵电动机绕线	每季
			检查、更换叶轮	必要时
			检查、更换泵轴	必要时
			更换电缆	必要时

附录　给排水设备的维修管理与工作内容

续表

序号	设备名称	修程	维修管理工作内容	周期
6	消防箱	日常操作、管理	检查箱内附件是否齐全	每周
		日常保养	检查有无漏水	每周
			检查封条有无撕开	每天
		二级保养	更换拆、装卷盘、水带	必要时
			更换拆、装阀门	必要时
			油漆	每年
		小修	更换水枪	必要时
			更换拆、装卷盘、水带	必要时
			更换拆、装阀门	必要时
			管道维修	必要时
		中修	更换水枪	必要时
			更换拆、装卷盘、水带	必要时
			更换拆、装阀门	必要时
			管道维修及更换	必要时
			隐蔽工程的隐蔽管道检查、维修及更换	必要时
			更换拆、装箱体	必要时
7	镀锌水管、钢塑管	日常操作、管理	检查是否泄漏	每月
			检查是否腐蚀	每季
		日常保养	无	
		二级保养	油漆防腐	每年
			用金属卡子、胶垫嵌固的办法处理泄漏	故障时
		小修	采用聚氨基甲酸树脂带水堵漏的修补方法	必要时
			更换柔性卡箍或橡胶软接	必要时
		中修	采用聚氨基甲酸树脂带水堵漏的修补方法	必要时
			更换柔性卡箍或橡胶软接	必要时
			管道走向更改施工	必要时
			检查管路腐蚀情况，更换不合格管段与支吊架	必要时
8	自动清洗过滤器	日常操作、管理	日常操作	每天
			停电或电动机故障时的手动操作	必要时
		日常保养	设备表面及周围环境清洁	每周
		二级保养	油漆防腐	每年
			更换骨架密封和O形圈	每年
		小修	更换密封元件	每5年
			更换压力表	必要时
		中修	更换密封元件	每5年
			更换压力表	必要时
			更换骨架密封和O形圈	每年
			更换减速机或电动机	必要时

165

续表

序号	设备名称	修程	维修管理工作内容	周期
9	自动气压供水设备和车辆段自动气压消防给水设备	日常操作、管理	日常操作、巡视	每天
			检查机组螺丝是否松动	每周
			数据记录整理及保存	每天
		日常保养	设备表面及周围环境清洁	每周
			控制箱内清洁	每月
		二级保养	水泵加油	每季
			机组表面油漆防腐	每年
		小修	水泵加油	每季
			更换压力传感器	必要时
		中修	水泵加油	每季
			更换水泵叶轮	必要时
			更换气囊	必要时
			更换水泵轴承	必要时
			更换电动机轴承	必要时
			更换水泵机械密封	必要时
10	车辆段变频恒压给水设备	日常操作、管理	运行数据记录整理及保存	每天
			日常巡视、操作	每天
			检查机组螺丝是否松动	每月
		日常保养	设备表面及周围环境整洁	每周
			控制箱内清洁	每月

参 考 文 献

[1] 朱宏，林瑜筠. 城市轨道交通概论［M］. 北京：中国铁道出版社，2011.
[2] 朱济龙，唐春林. 城市轨道交通车站机电设备［M］. 北京：机械工业出版社，2015.
[3] GB/T 50157—2003，地铁设计规范［S］.
[4] 邱薇华，谭晓春，谭复兴. 城市轨道交通车站设备［M］. 北京：中国铁道出版社，2012.
[5] 姜家吉，马国龙. 城市轨道交通车站设备［M］. 北京：中国广播电视大学出版社，2014.
[6] 费安萍. 城市轨道交通战场设备［M］. 北京：中国铁道出版社，2015.
[7] 人力资源和社会保障部教材办公室. 城市轨道交通概论［M］. 北京：中国劳动社会保障出版社，2010.
[8] 刘婉玲. 城市轨道交通运输设备［M］. 成都：西南交通大学出版社，2010.
[9] 范文毅，殷锡金. 城市轨道交通车站设备［M］. 北京：中国铁道出版社，2010.
[10] 朱济龙. 城市轨道交通车站机电设备［M］. 北京：机械工业出版社，2012.
[11] 费安萍. 城市轨道交通运输设备运用［M］. 北京：中国铁道出版社，2013.
[12] 仇海兵. 城市轨道交通车站设备［M］. 北京：人民交通出版社，2012.
[13] 何宗华，汪松滋，何其光. 城市轨道交通车站机电设备运行与维系［M］. 北京：中国建筑工业出版社，2015.
[14] 任泽春. 地铁通风空调工程施工与监理［M］. 北京：中国建筑工业出版社，2010.
[15] 周北明，刘杰. 城市轨道交通车站设备［M］. 上海：上海交通大学出版社，2016.
[16] 张新宇. 城市轨道交通设备管理［M］. 北京：人民交通出版社，2013.
[17] 张庆贺，朱合华，庄荣. 地铁与轻轨［M］. 北京：人民交通出版社，2003.
[18] 王向中. 城市轨道交通车站机电设备检修工——综合监控和 BAS 设备检修［M］. 北京：中国建筑工业出版社，2016.